ANNE HOOPER

GUIA DE BOLSO

KAMA SUTRA

Técnicas Clássicas para os Amantes de Hoje

Tradução
Gilson B. Soares

EDIOURO 60 ANOS

A DORLING KINDERSLEY BOOK

Do original
Anne Hooper's Pocket Kama Sutra

[ISBN original 0-7513-0233-3]

Editoração
DTPhoenix Editorial

CIP-Brasil. Catalogação-na-fonte
Sindicato Nacional dos Editores de Livros, RJ

H756k Hooper, Anne, 1941-
Kama Sutra, guia de bolso: técnicas clássicas para os amante
de hoje / Anne Hooper; tradução de Gilson B. Soares. — Rio de
Janeiro: Ediouro, 2002.
: il.
Tradução de: Anne Hooper's pocket Kama Sutra
ISBN 85-00-63197-X

1. Vatsyayana. Kama Sutra. 2. Relações sexuais. 3. Costumes
sexuais — Índia. I. Título.

CDD 392.6
96-0104 CDU 392.61

Rio de Janeiro
Sede, Dept° de vendas e expedição
Rua Nova Jerusalém, 345 – CEP 21042-230 – Rio de Janeiro – RJ
Tel.: (21) 3882-8240 / 8323 / 8284 – Fax: (21) 3882-8212 / 8313
E-mail: livros@ediouro.com.br

São Paulo
Rua Catulo da Paixão Cearense, 631 - Vila Saúde – CEP 04145-011 São Paulo – SP
Tel.: (11) 5589-3300 – Fax vendas: (11) 5589-3300 – ramal 233
E-mail: ediouro@ediouro.com.br / E-mail Vendas: vendasp@ediouro.com.br
Internet: www.ediouro.com.br

SUMÁRIO

INTRODUÇÃO

O Kama Sutra *foi escrito para a nobreza da Índia por u*
nobre, Vatsyayana, em alguma época entre os anos 100
400 d.C. Naqueles dias, o nobre típico hindu levava um

vida de luxo ocioso, e ti
bastante tempo livre p
dedicar, se assim o
desejasse, ao aprendiza
e ao aperfeiçoamento d
habilidades sociais,
sexuais e artísticas
descritas em livros com
Kama Sutra.

Esperava-se do cidadão ideal que dedicasse sua vida à conquista de três metas: *dharma* (aquisição de mérito religioso), *artha* (aquisição de riqueza) e *kama* (aquisi de amor ou prazer sexual). *O Kama Sutra* pretendia ajudar na terceira destas metas — ao discuti-las Vatsyayana diz que "Kama é para ser aprendida do *Kan Sutra* e da prática dos cidadãos".

Estas três metas possuem suas contrapartes modernas. Muitos de nós não somos tão voltados para a religião, n buscamos desenvolvimento pessoal e realização; muito

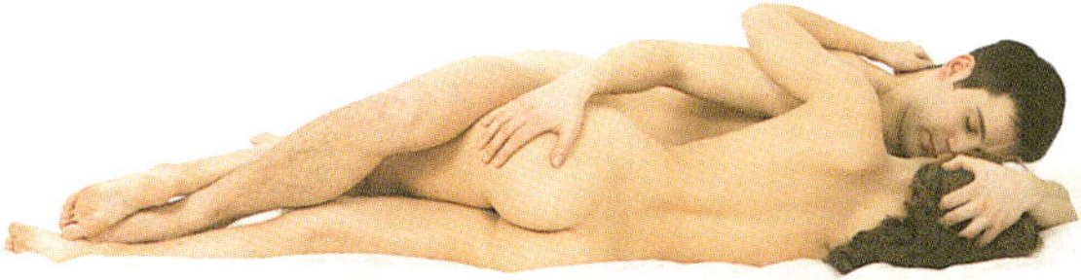

nós não aspiram grandes riquezas, mas sim ter o nheiro suficiente para viver confortavelmente; e a aioria de nós quer um relacionamento sexual carinhoso.

Kama Sutra era destinado aos homens ıulheres eram submissas demais na oca), mas isto não quer dizer e ignore as necessidades mininas — não é o caso. ɔr exemplo, dá instruções plícitas sobre estimulação minina, incluindo o conselho que faz parte do "trabalho um homem" beijar e ariciar, e se uma mulher é ixada insatisfeita no tercurso sexual, Vatsyayana comenda que o "homem veria esfregar a *yoni* [vulva] mulher com a mão". Ele mbém defende posturas

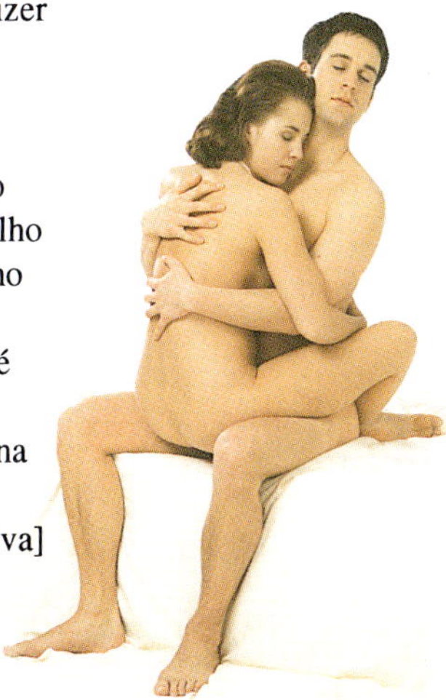

sexuais específicas que se adeqüem à conformação física c um casal. Por exemplo, a Posiç da Mulher de Indra (*ver página 64*) permite a penetração máxim quando um homem de *lingam* [pênis] pequeno faz amc com uma mulher que ter uma vagina profunda. A Posição Entrelaçada, por outro lado (*ver página 6* permite fácil penetração quando um homem tem pênis grande e a parceira uma vagina pequena.

Baseei esta versão ilustrada do *Kama Sutra* na traduçãc clássica de Sir Richard Burton e F. F. Arbuthnot (prime publicação em 1883). Esta versão inclui, juntamente com aquelas partes do livro original que ainda são relevantes alguns outros nacos do texto de Vatsyayana de 2.000 an de idade para ilustrar o fascinante contraste entre estas passagens e nossas vidas sexuais de hoje.

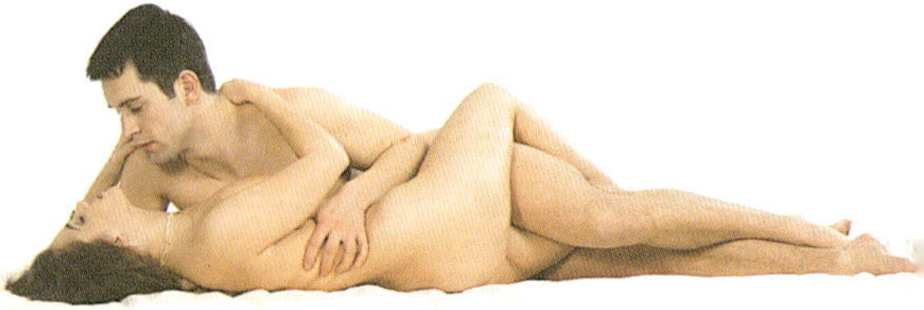

lo geral, este livro se concentra nas preliminares e no ato lo amor e, é claro, nas posturas sexuais que deram fama o *Kama Sutra*. Complementei ambém, onde achei que fosse ecessário ou útil, a informação riginal com sugestões e omentários.

'or exemplo, incluí iformação sobre sexo eguro, que, ifelizmente, tornou-se ío necessário em nossos ias. E como o uso da amisinha costuma ser ssencial, tanto como nticoncepcional quanto ara sexo seguro, sugeri ieios de torná-la uma arte erótica do ato de mor, em vez de uma otina. Incluí também ma seção sobre iassagem sensual (*ver ıginas 28-33*), que só a mencionada no riginal como um método iaravilhoso de iniciar o o de amor.

Montando o Cenário

Em todas essas coisas ligadas ao amor, cada um deveria agir de acordo com sua própria inclinação.

PREPARANDO O CORP

Em sua descrição da "vida de um cidadão", o Kama Sutr *estabelece um programa de higiene pessoal que deve ser seguido "sem falha". Este programa inclui limpeza dentár mastigar folhas de bétel e outras coisas que adoçam o hál banhos diários e aplicação de óleos e perfumes no corpo. autor do livro, Vatsyayana, compreendia claramente a necessidade de limpeza, e a maioria dos amantes de hoje — tal co aqueles na antiga Índia — vê isto co algo essencial.*

Perfumando o Hálito

A paixão é facilmente amortecida pelo odor corporal, e isto combinado com mau hálito pode destruí-la por completo; felizmente, desodorantes e refrescantes do hálito estão prontamente disponíveis. Contudo, qualquer um que sofra de um grave e constante mau hálito deveria procurar aconselhamento médico.

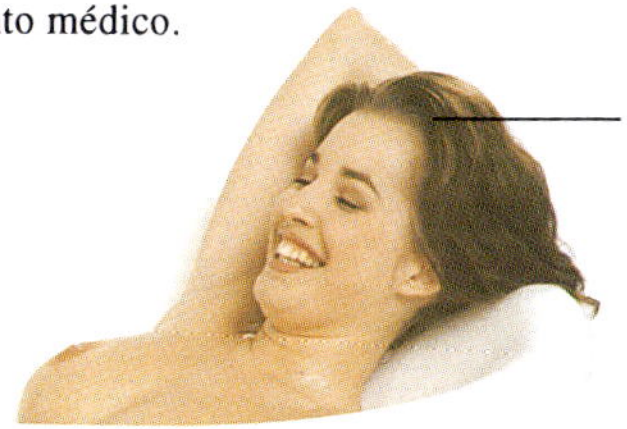

Deite de costas e aproveite ser mimada

Banho

Banhar um ao outro, ou tomar uma ducha juntos, não só é higiênico e refrescante como também dá disposição para o amor. A banheira ou o boxe também podem ser excitantes locais para fazer amor.

Zonas Erógenas

Sem imaginação, o sexo pode se tornar monótono e rotineiro, e é por isso que se costuma dizer que o cérebro é o mais importante de nossos órgãos sexuais. O que todos os bons amantes têm, quer sejam homens ou mulheres, é um conhecimento sensível das zonas erógenas — as áreas do corpo que geram excitação sexual quando estimuladas. Ao explorar estas zonas, você pode transformar o ato de amor numa experiência de corpo inteiro, em vez de uma limitada à genitália.

O Pé Erógeno

Segundo a teoria da reflexologia, os pés são ligados ao resto do corpo por canais de energia. Quando os pés são estimulados por toque, beijos ou massagens, as sensações agradáveis que são criadas dentro deles espalham-se pelo corpo.

A maioria das mulheres acha altamente excitante serem acariciadas e beijadas nos seios e mamilos

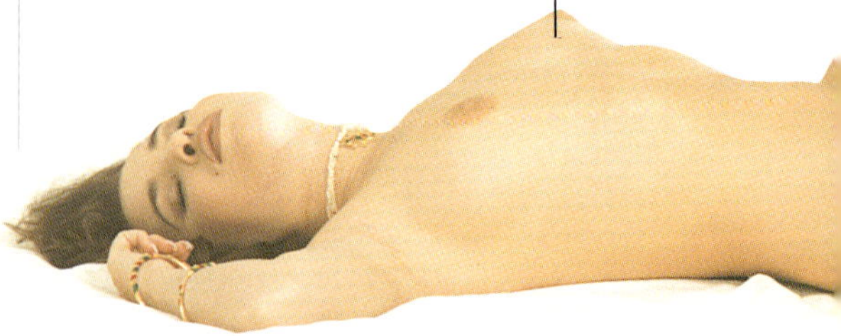

“Uma mulher nunca despreza um homem ajoelhado a seus pés.”

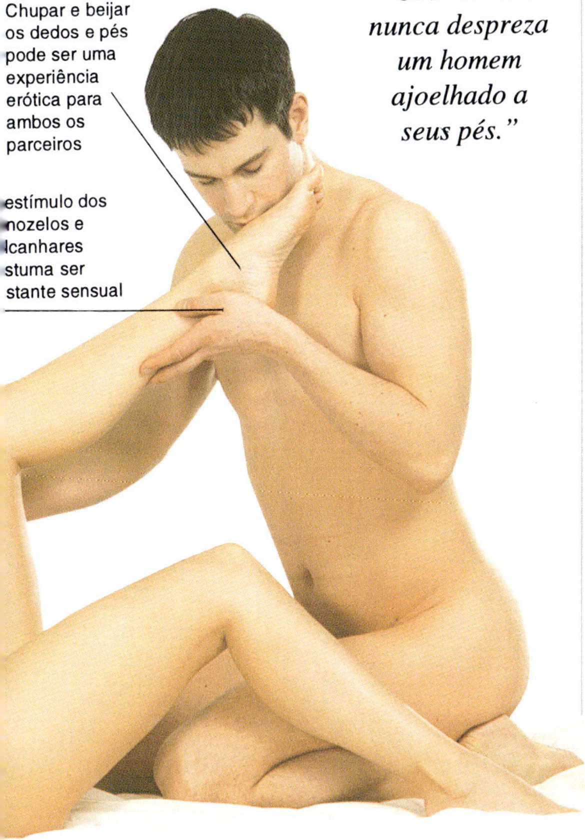

A Pele Sensual

A pele é o maior órgão individual do corpo humano: um adulto cerca de 1,7 m² de pele, que pesa mais ou menos 3 kg e é amplamente dotada de terminais nervosos sensíveis. Estes termi reagem ao mais leve toque e às menores mudanças de temperatu ou pressão. A pele de algumas partes do corpo, porém, é mais sensível ao toque e estímulos externos do que de outras; as inúmeras zonas erógenas situam-se nas áreas mais particularmente sensíveis.

Os Seios

Ter os seios gentilmente comprimidos e os mamilos esfregados e beijados é mais importante para a maioria das mulheres do que pensam os homens.

Os mamilos são altamente sensíveis ao toque, e algumas mulheres podem atingir o orgasmo somente pelo seu estímulo manual ou oral.

As Nádegas

Para muitos homens as nádegas femininas agem tanto como fator de atração — porque encerram a genitália — quanto fonte de prazer. Pode ser mutuamente estimulante se o homem apertar, esfregar e dar palmadinhas, e também se beijá-las e mordiscá-las gentilmente.

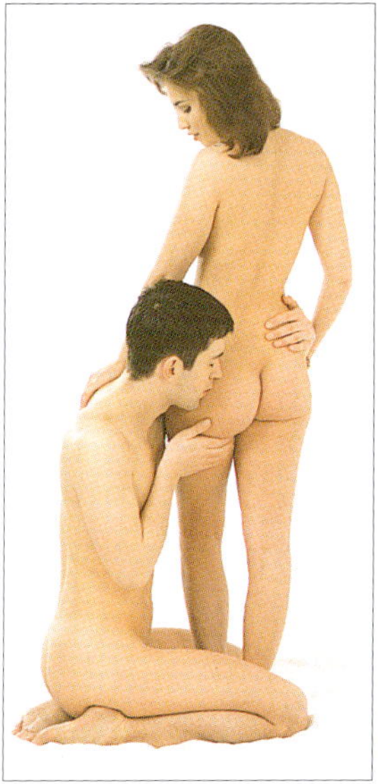

As nádegas do homem, como as da mulher, podem reagir bastante ao toque sensual

CRIANDO O CLIMA

A cuidadosa preparação do quarto onde você vai fazer an
é tão importante quanto preparar seu corpo. Certifique-se
que a temperatura é agradável, providencie música ambie
que aumente a disposição e evite interrupções indesejada.
desligando o telefone.

PERFUMANDO O QUARTO
Use incenso, óleos essenc aquecidos, ou cristais perfumados para dar a se quarto um aroma exótico sedutor.

ÓLEOS E LOÇÕES
Passar suaves óleos e loções de massagem perfumados na pele um do outro tornam as preliminares mais sedutoras.

O CENÁRIO PARA O AMOR

Embora o mundo tenha mudado bastante desde os dias em que o Kama Sutra *foi escrito, ao se preparar para o amor ainda vale a pena seguir o conselho de Vatsyayana, que recomenda que o quarto "fragrante de penetrantes perfumes, deveria conter um leito macio, agradável à vista, coberto com roupa de cama branca e limpa, grinaldas e ramos de flores, e dois travesseiros, um à cabeceira, outro ao pé da cama. Deveria haver também uma espécie de divã, e à cabeceira deste uma espécie de banqueta, na qual seriam colocados os ungüentos fragrantes para a noite, bem como flores, substâncias aromáticas e coisas usadas para perfumar a boca".*

FLORES
Decore e perfume seu quarto com flores frescas e fragrantes, tal como rosas.

LUMINAÇÃO BRANDA
brilho suave e bruxuleante la luz de vela é muito mais omântico do que a luz létrica.

Toques e Abraços

*As mulheres,
sendo de uma
natureza terna,
querem começar
ternamente.*

Abraçando

O Kama Sutra *descreve os abraços retratados abaixo e ao lado como indicadores "do amor mútuo de um homem e uma mulher Aqueles mostrados nas páginas 22-23 ocorrem "na hora do encontro, e os das páginas 24-25 são "maneiras de abraçar simples partes do corpo".*

O Abraço Roçado

De acordo com a descrição do *Kama Sutra* "quando dois amantes estão passeando lentamente juntos, seja no escuro, numa área pública de lazer, ou num lugar solitário, e roçam seus corpos um no outro, isto é chamado de 'abraço roçado' ".

Abraço de Pressão

O *Kama Sutra* vê este abraço como uma extensão do abraço roçado: "Quando na ocasião supracitada [a do abraço roçado] um dos dois pressiona energicamente o corpo do outro contra uma parede ou pilastra, isto é chamado de 'abraço de pressão'."

O Abraço de Toque

:m sua descrição
:este movimento,
· *Kama Sutra* diz
ue "quando um
omem, sob algum
·retexto, chega
iante ou ao lado
e uma mulher e
ɔca-lhe o corpo
om o seu, isto é
hamado de
abraço de
ɔque'". Este
braço pode, é
laro, ser dado
anto por
nulheres quanto
·or homens.

Você pode usar os membros, as mãos e o seu corpo, para este abraço

Abraçando e Fazendo Amor

Vatsyayana divide os abraço que são dados na "hora do encontro" em dois grupos. O primeiro, que inclui o Enrosc da Trepadeira, consiste em abraços utilizados quando os amantes estão de pé, mas não em união sexual. O segundo grupo, incluindo os outros do abraços aqui mostrados, consiste naqueles adotados durante a relação.

O Enroscar da Trepadeira

O *Kama Sutra* descreve este como "quando uma mulher, subindo no homem como um trepadeira se enrosca numa árvore, baixa a cabeça dele e fita-o amorosamente, isto é chamado de um abraço semelhante a uma trepadeira enroscando".

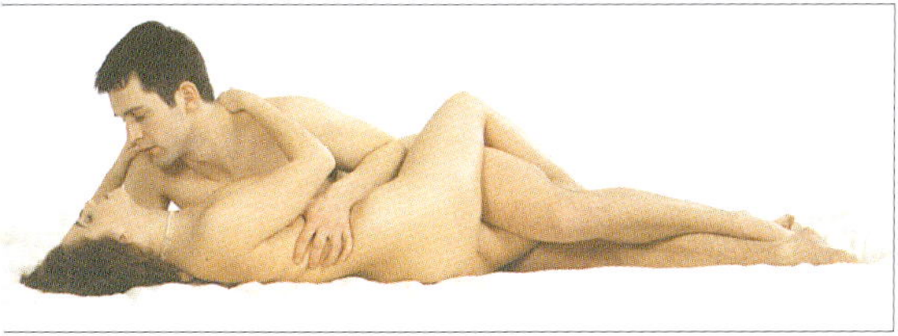

A Mistura de Gergelim com Arroz

:ste abraço, descrito como "a mistura de gergelim com arroz", o que acontece quando amantes "abraçam-se tão streitamente que os braços e coxas de um são ingidos pelos braços e coxas do outro".

O Abraço de Leite e Água

'm abraço como uma mistura de leite e água" o que ocorre quando m homem e uma mulher estão muito apaixonados , sem pensar em ualquer dor ou mágoa, : abraçam como se stivessem entrando no orpo um do outro nquando a mulher está entada no colo do omem, ou diante dele, u numa cama".

O DESPERTAR DO DESEJO MASCULINO

Citando "alguns versículos sobre o assunto", o Kama Sutra *diz que "todo o tema do abraço é de uma natureza tal que os homens que fazem perguntas sobre isso, ou que ouvem falar a respeito, ou comentam sobre o assunto, adquirem deste modo um desejo pelo prazer. Mesmo aqueles abraços que não são mencionados no* Kama Shastra *[a* Sagrada Escritura do Kama*] deveriam ser praticados na hora do prazer sexual, se eles são, de algum modo, úteis para o aumento do prazer ou paixão. Os preceitos do* Shastra *se aplicam desde que a paixão do homem seja moderada, mas quando a roda do amor torna a se movimentar, não existe mais nem* Shastra *nem ordem".*

O ABRAÇO DE COXAS

O *Kama Sutra* descreve o "abraço de coxas" como sendo "quan
um dos amantes pressiona energicamente uma ou as duas coxas
parceiro entre as suas".

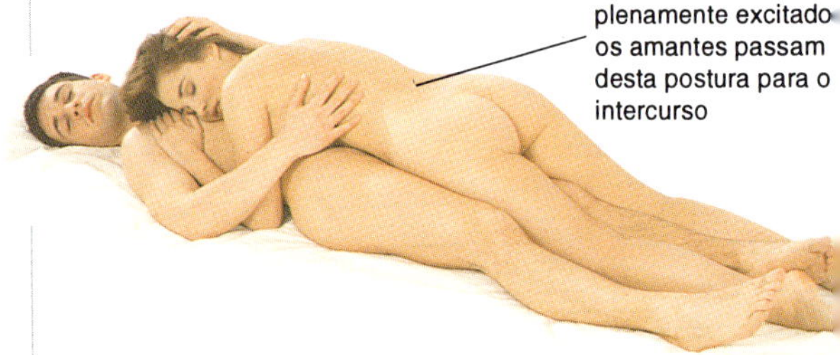

Tão logo estejam plenamente excitado os amantes passam desta postura para o intercurso

O ABRAÇO DOS SEIOS

Esta é uma forma de contato da parte superior do corpo, que ocorre quando um homem "coloca o peito entre os seios de uma mulher e a pressiona com ele". Este abraço estimula simultaneamente os mamilos de ambos, sendo uma alternativa excitante a de beijar os mamilos ou estimulá-los manualmente.

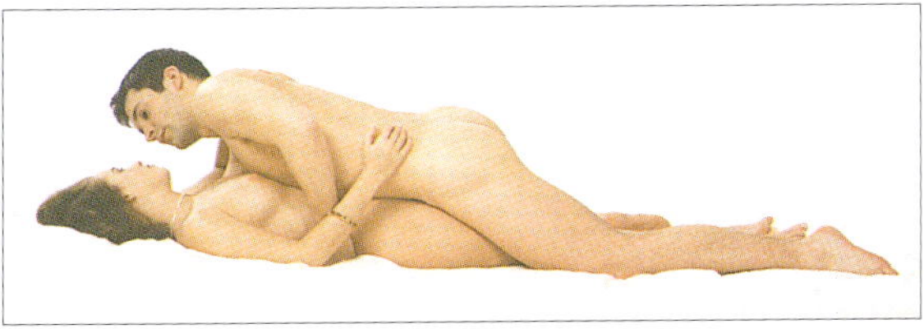

O ABRAÇO DO JAGHANA

Jaghana é a área entre o umbigo e as coxas. Quando um homem "pressiona o *jaghana*, ou a parte do meio do corpo da mulher, contra o seu e monta sobre ela para arranhar, mordiscar, afagar ou beijar, com o cabelo da mulher solto ou caído graciosamente, isto é chamado de 'o abraço do *jaghana*' ".

Higiene Mútua

O Kama Sutra *menciona a importância da limpeza corporal, mas não o enorme prazer partilhado que os amantes podem extrair da higiene mútua, seja para benefício próprio, seja na preparação para o ato amoroso. A higiene mútua pode incluir tomar um banh juntos, barbear o homem e lavar, secar e escovar os cabelos um outro. Ao retardar o ato de amor, é possível aumentar a expectativa do prazer e encorajar sentimentos de ternura.*

Barbear

Vatsyayana recomenda que um homem raspe o cabelo e a barba a cada quatro dias e outras partes do corpo a cada cinco ou dez dias. Mas não importa o quanto a mulher ache *sexy* o parceiro com barba por fazer, certamente não gostará de ser arranhada quando se beijarem. Em vez de pedir-lhe que se barbeie antes do amor, ela mesma poderia assumir a tarefa.

Lavando o Cabelo Dela

Como um prelúdio para o ato de amor, uma lavagem com xampu é uma forma sensual de higiene mútua. Muitos amantes gostam de lavar e secar os cabelos do parceiro antes de irem para a cama, embora isto possa simplesmente ser uma parte afetiva da vida compartilhada, sem necessariamente levar ao sexo.

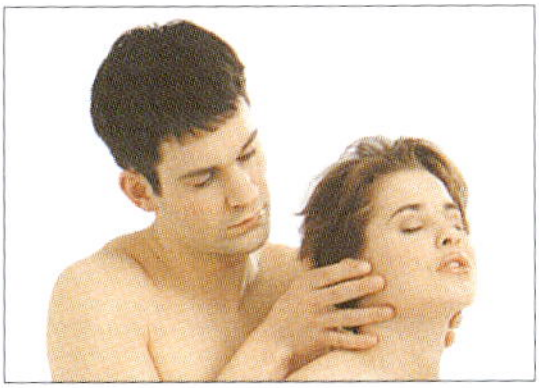

Massagem na Nuca
Ajude o amante a relaxar fazendo-lhe uma suave massagem na nuca antes de lavar os cabelos.

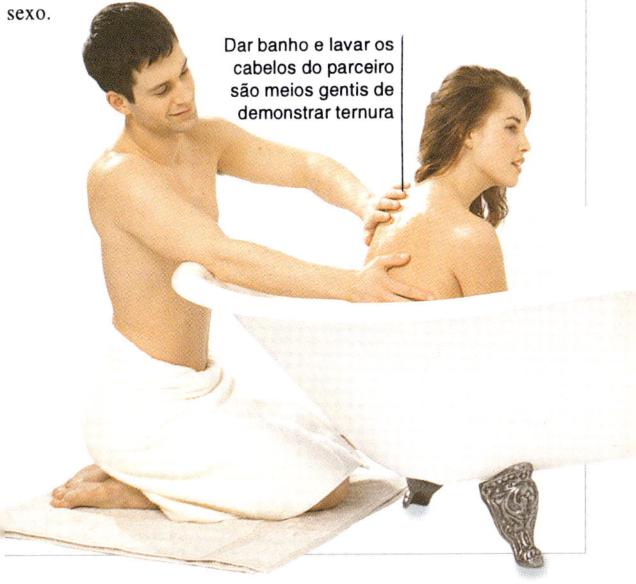

Dar banho e lavar os cabelos do parceiro são meios gentis de demonstrar ternura

MASSAGEM SENSUAL

O Kama Sutra, *surpreendentemente, não faz menção à massagen embora seja amplamente usada há milhares de anos no Oriente. objetivo da massagem sensual, seja ou não para terminar em sex é relaxar corpo e mente, de modo que é importante criar um cenário confortável no qual aplicá-la. O quarto deve ser aconchegante e suavemente iluminado, com garantia de total privacidade.*

COSTAS E COLUNA

Trabalhe para cima a partir das nádegas, usando uma pressão gentil e erótica. Mantenha as mãos expandidas e niveladas uma com a outra e com seus polegares avançando sempre a partir da espinha. Trabalhe até a base da nuca e daí para os ombros, e depois desça lateralmente até as nádegas.

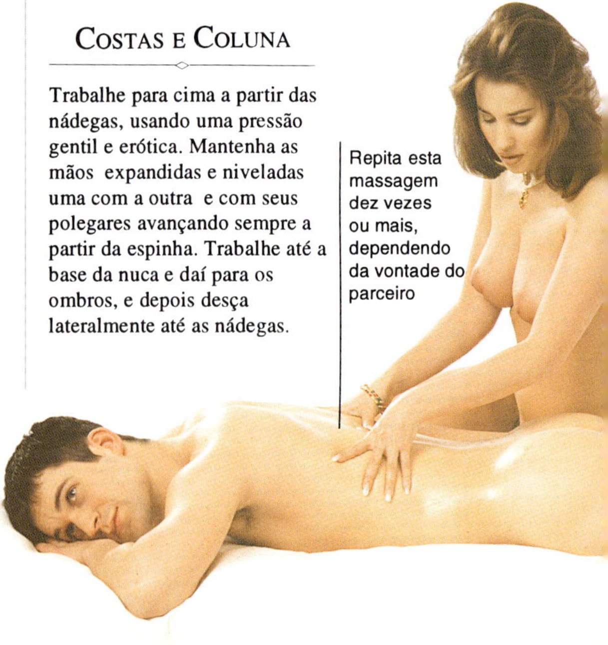

Repita esta massagem dez vezes ou mais, dependendo da vontade do parceiro

Os Toques Básicos de Massagem

Os toques básicos de massagem que se seguem são eficazes e sensuais e, com uma pequena prática, simples de aplicar.

Effleurage — *deslize as palmas das mãos pela pele do parceiro, pondo o peso do seu corpo por trás do movimento.*
Amassadura — *curve as mãos gentilmente e amasse a carne com um movimento suave e regular.*
Pétrissage — *mova em círculos os nós dos dedos e polegares ao longo da espinha para suavizar a tensão muscular.*
Entalhadura — *mantendo os dedos relaxados, dê uma série de golpes enérgicos com a quina da mão, como no karatê, só que mais suavemente.*

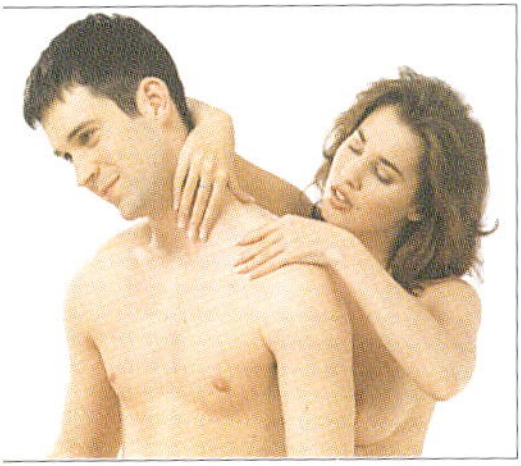

Ombros e Cabeça

Comece massageando a frente dos ombros, depois trabalhe nos lados do pescoço, nas bochechas e maxilar, e nas têmporas e testa. Depois percorra levemente os dedos sobre o queixo, lábios, olhos e nariz.

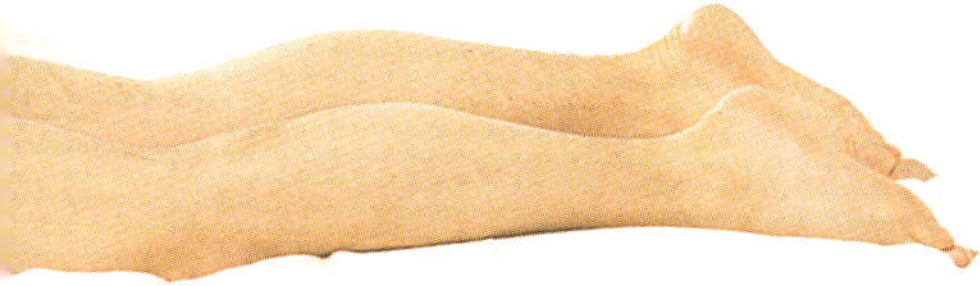

Óleos de Massagem e Aditivos

Você pode aplicar massagem no parceiro com as mãos secas, mas seus movimentos serão mais suaves e eficazes, especialmente se é inexperiente, se usar óleo de massagem ou loção. Existe ampla variedade de óleos adequados, muitos derivados de nozes (principalmente de coco) ou vegetais. Óleos naturais, como de amêndoa, oliveira, semente de uva e girassol, podem ser usados como óleos-base, perfumados com acréscimo de óleos essenciais, entre os quais os mais adequados são patchuli, sândalo, ilangue-ilangue, jasmim, rosa, lavanda, alecrim, camomila, cedro e pau-rosa. Para produzir óleo suficiente para uma sessão de massagem, adicione doze gotas do óleo essencial escolhido a cerca de 30 ml do seu óleo-base.

Usando o óleo de massagem

A aplicação de óleo de massagem a frio em geral chega como um choque para a pele do receptor — todo óleo de massagem funciona melhor quando foi preaquecido ao ser esfregado por alguns segundos entre as mãos. Alternativamente, você pode aquecer o óleo colocando o frasco de pé numa panela de água quente poucos minutos antes de usá-lo, e deixá-lo dentro da panela entre as aplicações. Unte cada área da pele do parceiro pouco antes de massageá-lo, em vez de untá-lo de corpo inteiro primeiro: aplique uma pequena quantidade à parte que pretende massagear, e esfregue-a com toques suaves mas firmes. Após a massagem, você pode deixar o óleo penetrar a pele do parceiro, removê-lo com uma toalha ou lavar e secar amorosamente a pele.

Pés e Pernas

omece massageando os dedos dos pés as áreas entre eles. Em seguida, passe s palmas das mãos firmemente nas olas e peitos dos pés, depois vá até a erna, trabalhando nos tornozelos, anturrilhas e parte posterior das coxas.

Massageie a perna com uma das mãos enquanto a segura firme com a outra

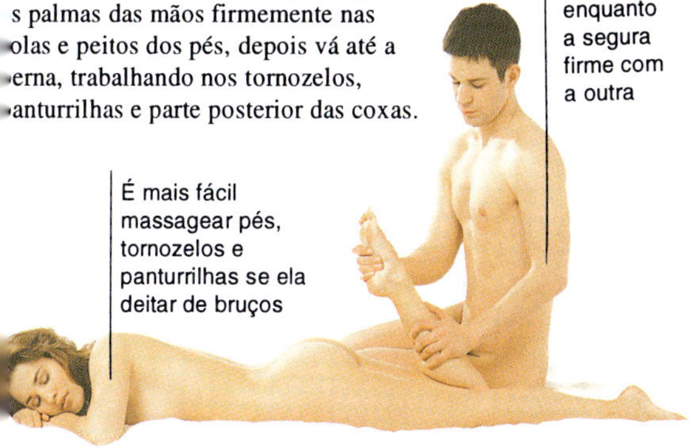

É mais fácil massagear pés, tornozelos e panturrilhas se ela deitar de bruços

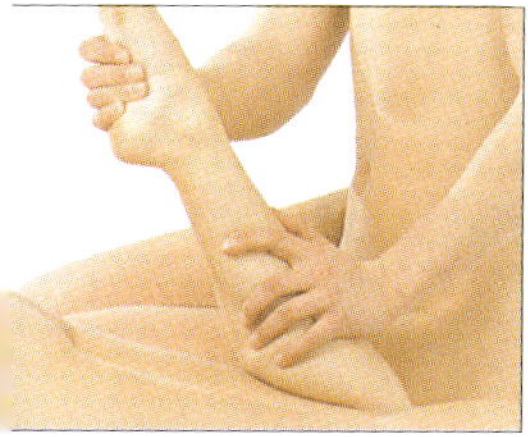

ASSAGEM PERNA ABAIXO
eslize a mão para baixo, do rnozelo ao joelho, comprimindo s músculos da panturrilha firme as gentilmente com a ponta os dedos.

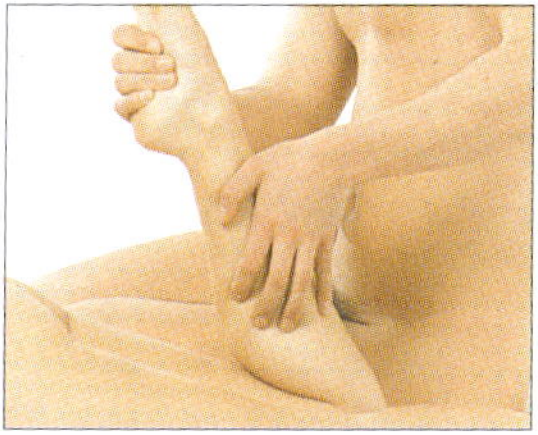

MASSAGEM PERNA ACIMA
Retroceda a mão do joelho para o tornozelo, usando a mesma ação quando massagear no sentido oposto.

Massagem para Excitação Sexual

Para criar excitação em vez de relaxamento quando estiver dando massagem sensual no parceiro, mude dos toques vigorosos para uma ação bem suave. Por exemplo, traçar uma linha de um lado a outro através do peito, mamas e mamilos do parceiro com a ponta dos dedos, pode ser mais excitante para ambos do que os movimentos mais vigorosos da massagem convencional. Muitas outras áreas do corpo reagem a um insistente toque "plúmeo", incluindo pescoço, o interior dos braços e coxas, umbigo, nádegas e panturrilhas. E não precisa se restringir ao uso das mãos: tente deitar o parceiro e esfregar seu corpo contra o dele.

Nádegas

Pressione firmemente, mova as mãos num rígido movimento circular sobre as nádegas. Depois pressione leve e crescentemente até suas mãos estarem simplesmente escovando a pele. Termine amassando e pressionando uma nádega de cada vez.

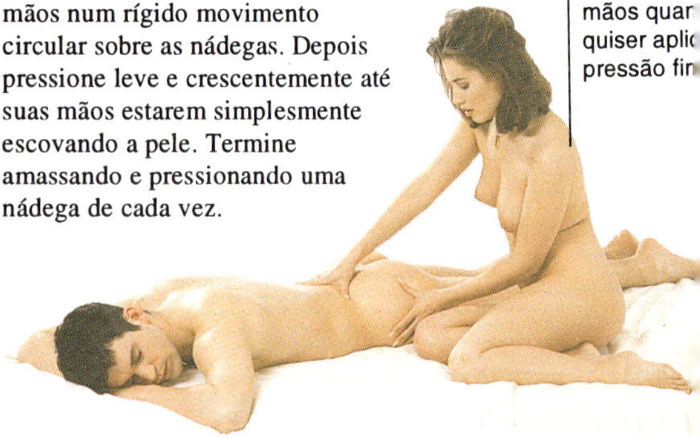

Apóie-se n
mãos quar
quiser aplic
pressão fir

Alto das Costas

a parte superior das costas, abalhe primeiro nos úsculos entre as omoplatas e base do pescoço, depois ›sça as mãos e massageie o ırceiro dos lados com a ponta ›s dedos. Finalmente, 'essione os ombros e, duzindo a pressão, a nuca.

Braços e Peito

rabalhe para baixo a partir da ente dos ombros para o peito abdome, e massageie vemente as mamas e âmilos. Massageie os braços, ›pois trabalhe a partir das ›xas e virilhas (incluindo 'essão suave na área pubiana umbigo) para o peito.

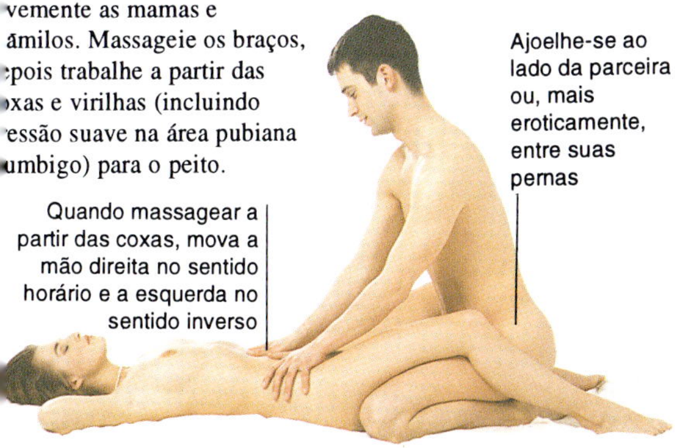

Ajoelhe-se ao lado da parceira ou, mais eroticamente, entre suas pernas

Quando massagear a partir das coxas, mova a mão direita no sentido horário e a esquerda no sentido inverso

ARRANHANDO

O uso das unhas para expressar paixão durante o ato amoroso, segundo o Kama Sutra, *deveria se restringir àqueles que sentem prazer com isso. Contudo, o livro é claramente favorável a tais práticas, porque conclui que "nada tende a aumentar tanto o a quanto os efeitos de marcas de unhadas e mordidas".*

As Ritualizadas Pancadas de Amor

O Kama Sutra *descreve inúmeros estilos de espancamentos rituais inócuos que podem ser usados pelos parceiros para aumentar sua excitação antes e durante o intercurso. Quatro tipos de pancadas são considerados mais eficazes quando utilizados nos ombros, na cabeça, no espaço entre os seios, nas costas, no diafragma e dos lados. Amantes modernos poderiam dar golpes leves um no outro espontaneamente, e aficionados do espancamento garantirão que pode ser muito excitante.*

Arranhando

Usar as unhas para marcar a pele um do outro durante as preliminares e no ato de amor não é do gosto geral, mas o *Kama Sutra* considera as unhas uma arma útil no arsenal do amante. E se o ato de arranhar é baseado na paixão em vez de na raiva ou crueldade, os parceiros podem descobrir ser divertido deixar marcas na pele um do outro.

Usando o Cabelo

O eterno fascínio que o cabelo de uma mulher exerce sobre o homem, especialmente quando longo, é reconhecido pelo Kama Sutra, *que declara que uma das artes que a mulher deveria aprender é "compor o cabelo com ungüentos e perfumes e tran lo". O poder erótico do cabelo da mulher é retribuído quando, admirá-lo e acariciá-lo, o parceiro experimenta sentimentos de desejo por ela, que em seguida se incumbe de satisfazer.*

Um Leve Toque

Quando uma mulher tem cabelo comprido, ele pode cair distraidamente sobre rosto e seios e esfregar-se sensualmente contra o corpo nu do parceiro.

Para excitá-lo ainda mais, el pode montar sobre ele e deslizar o cabelo provocantemente por todo o seu corpo, inclusive o pênis, modo a estimular o desejo.

Mantenha o corpo afastado do dele, deixando apenas o cabelo tocar-lhe a pele

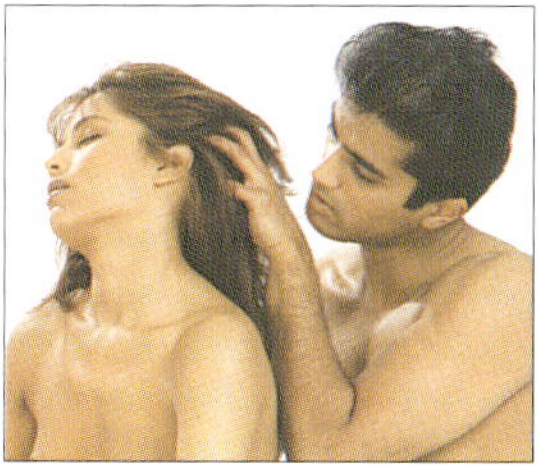

Revelando o Pescoço

O cabelo limpo e lustroso de uma mulher pode ser um poderoso afrodisíaco, convidando o amante a brincar com ele, enterrar nele o rosto e mãos. E quando ele ergue o cabelo para revelar um pescoço macio e delicado, sua alegria e excitação podem ser grandemente intensificadas.

Prazer Táctil

Ambos os parceiros obtêm prazer quando o homem percorre os dedos amorosamente pelo cabelo da mulher. Ela pode aumentar grandemente o prazer táctil para os dois — e estimular o erotismo da situação — fazendo o mesmo com ele.

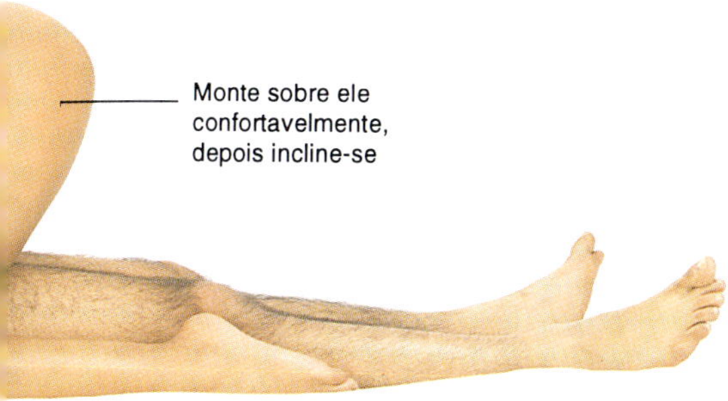

Monte sobre ele confortavelmente, depois incline-se

Beijos e Preliminares

Se a mulher beijá-lo,
ele deve beijá-la
de volta.

BEIJOS

O Kama Sutra *reconhece o poder de expressão do beijo ao descrever vários tipos e sugerir quando cada um é apropriado. Beijar é uma arte em si, e como a boca está entre as partes mais sensíveis do corpo — e as mais versáteis — você pode usar os lábios e a língua não só para beijar mas também para lamber, focinhar ou mordiscar qualquer área do corpo do parceiro.*

O BEIJO INCLINADO

Este é o tipo de beijo que ocorre quando "as cabeças dos dois amantes estão inclinadas uma na direção da outra, e quando assim inclinadas, ocorre o beijo". Este é um dos meios mais naturais e familiares para beijar um amante, e que permite penetração profunda da língua e máximo contato labial.

O BEIJO LATERAL

"Quando um deles vira o rosto do outro segurando-o pela cabeça ou queixo, isto é chamado de 'beijo lateral' ", diz o *Kama Sutra*. Este beijo é ideal quando você está fazendo amor lentamente numa posição face a face, de pé ou sentado, ou no início das preliminares.

O Beijo Direto

O beijo direto geralmente não é uma expressão de paixão intensa, porque a penetração da língua não é prática quando "os lábios dos dois amantes são trazidos ao contato direto", com as cabeças inclinadas muito levemente de parte a parte. Este beijo, porém, é uma maneira gentil de demonstrar afeição e exibir os estágios iniciais de desejo.

O Beijo do Lábio Superior

O *Kama Sutra* diz que quando um homem "beija o lábio superior de uma mulher, enquanto ela, em retribuição, beija o lábio inferior dele, isto é chamado de 'beijo do lábio superior' ". Isto implica que o homem inicia o beijo, porém mais tarde, em sua descrição da arte de beijar, o livro deixa claro que os beijos podem ser também iniciados pelas mulheres.

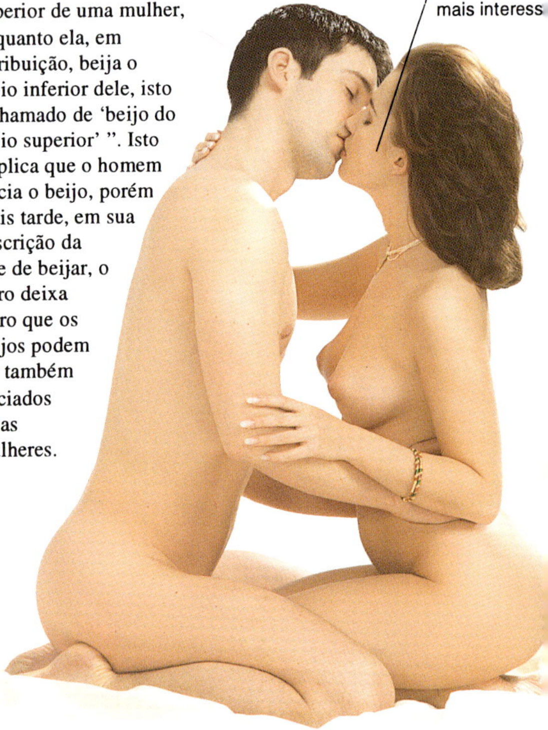

Beijar os lábi
superior e inf
do parceiro
sucessivame
torna este be
mais interess

O Beijo Pressionado

De acordo com o *Kama Sutra*, em uma versão deste beijo "o lábio inferior é pressionado com muita força". Uma segunda variação, que é mostrada aqui, é o "beijo fortemente pressionado", no qual um amante segura o lábio inferior do outro, toca-o com a língua e depois beija-o com "grande força".

O Beijo de Fechadura

O beijo de fechadura é o que acontece quando um dos parceiros "toma ambos os lábios do outro entre os seus". Uma mulher, todavia, "só recebe este tipo de beijo de um homem que não tenha bigode". Este beijo pode também envolver o "duelo de línguas", que hoje em dia é conhecido como beijo "francês".

O Jogo dos Beijos

O Kama Sutra *descreve um jogo de beijos a ser jogado pelos amantes:*

"No que se refere a beijar, pode-se apostar quem irá tomar os lábios do outro primeiro. Se a mulher perder, ela deveria fingir chorar, afastaria o amante com as mãos, se desviaria dele e o contestaria, dizendo 'vamos fazer outra aposta'. Se perder de novo, deveria parecer duplamente aflita, e quando o amante estiver fora de guarda ou adormecido, ela tomaria o lábio inferior dele, o prenderia entre os dentes e depois riria ruidosamente, zombaria dele e diria o que bem entendesse de um modo jocoso. Assim são apostas no que se refere a beijar."

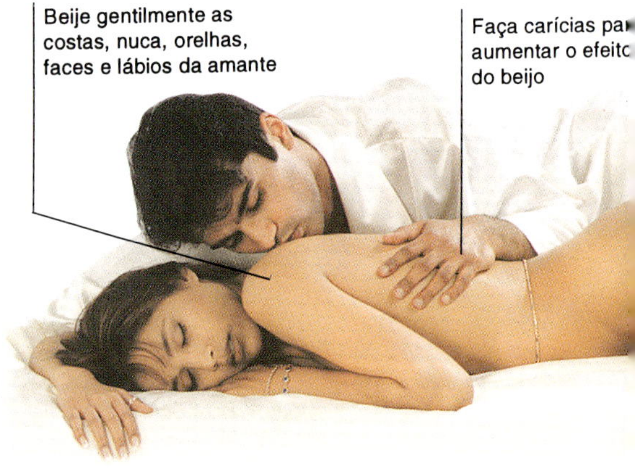

O Beijo de Virar a Cabeça

É o beijo que a mulher dá no homem quando ele está ocupado com algo mais, de modo a "afastar sua cabeça" disso. Como a maioria dos amantes sabe, um beijo (ou beijos) quente e prolongado pode rapidamente afastar a mente de alguém de outras coisas e conduzi-la a pensamentos de amor.

O Beijo que Desperta

Segundo o *Kama Sutra*, este é um beijo para um homem dar na parceira tarde da noite, quando ela está adormecida, "para demonstrar-lhe seu desejo. Em tal ocasião, a mulher pode fingir estar adormecida quando o parceiro chega, sabendo assim das intenções dele".

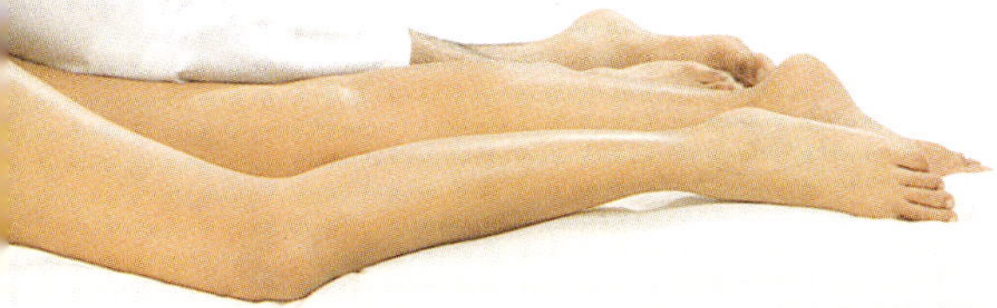

BEIJANDO O CORPO

A maior parte do corpo, incluindo os membros, reage ao beijo. lábios e seios são especialmente sensíveis ao toque da boca, ma em geral, quanto mais próximo o beijo da genitália, mais intens irresistível é o prazer — e não há necessidade de nenhum parce ficar passivo. O *Kama Sutra*, sem entrar em detalhes, diz que a intensidade de um beijo varia de acordo com o local do corpo e que é aplicado, e pode ser "moderado, contraído, pressionado o suave".

BEIJANDO E LAMBENDO

Aumente a expectativa do ato sexual cobrindo de beijos o corpo do parceiro, lambendo-o todo ("banho-de-gato"), mordiscando-o suavemente com lábios e dentes. Quanto maior seu autocontrole em protelar o momento da penetração, maior será o prazer de ambos quando isto ocorrer.

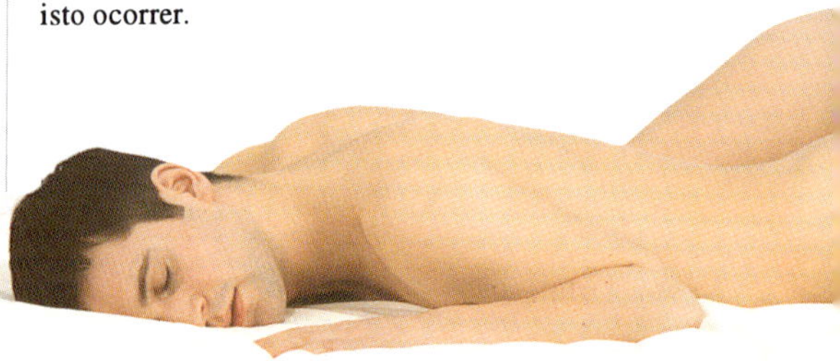

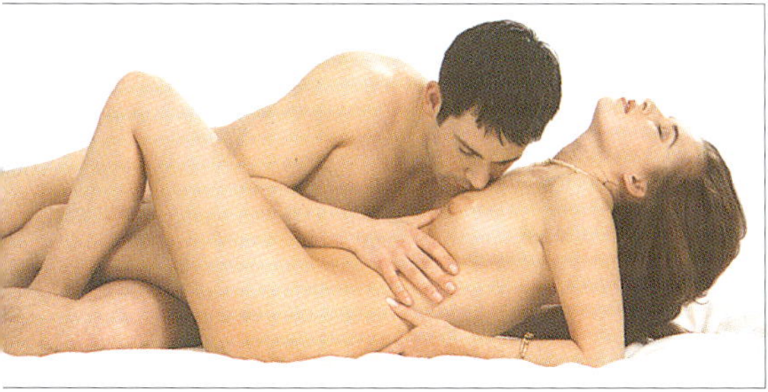

Beijo nos Seios

uando um homem está eijando os seios da amante, ıais eficazes serão os beijos se plicados levemente. Ele everia também beijar, sugar, lamber ou mordiscar os mamilos, que merecem especial atenção, pois o seu estímulo é poderosamente excitante para muitas mulheres.

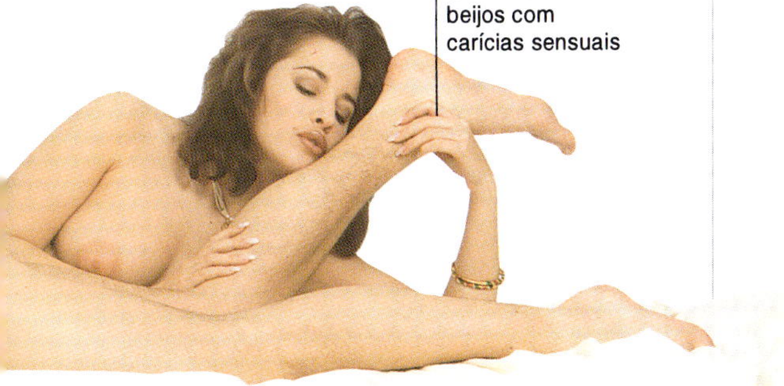

Combine seus beijos com carícias sensuais

MORDIDAS

O Kama Sutra *lista vários tipos de mordida com riqueza de detalhes e reflete uma tradição erótica hindu na qual morder é parte vital do repertório do amante. As mordidas que descreve vão de alegres e provocantes beliscos, passam por prolongadas sucções que deixam marcas pronunciadas, até as mordidas mais fortes no auge da paixão. A maioria dos casais modernos não inclui os tipos mais violentos de mordida no seu ato sexual, e são sensatos em agir assim; no orgasmo, os maxilares podem entrar em espasmo e se fechar com força infligindo assim um ferimento doloroso.*

A MORDIDA DO JAVALI

O efeito desta mordida, que tem a intenção de deixar marcas em áreas carnudas como seios e ombros, é descri pelo *Kama Sutra* como consistindo em "muitas fileira de marcas próximas umas das outras, e com intervalos vermelhos... A mordida do javali é para deixar marcas no seios e ombros, e é muito peculiar a pessoas de intensa paixão".

As Mordidas do Amor

Oito tipos de mordidas ritualizadas são descritas no Kama Sutra, *além da Mordida do Javali. São eles:*

A Mordida Oculta

A mordida que só se mostra pela vermelhidão excessiva da pele que é mordida.

A Mordida Intumescida

Quando a pele é comprimida para baixo de ambos os lados.

O Ponto

Quando uma porção da pele é mordida com dois dentes apenas.

A Linha de Pontos

Quando pequenas porções da pele são mordidas com todos os dentes.

O Coral e a Jóia

A mordida que é dada unindo-se dentes e lábios é chamada de "o coral e a jóia". O lábio é o coral, e os dentes a jóia.

A Linha de Jóias

Quando a mordida é dada com todos os dentes, chama-se a "linha de jóias".

A Nuvem Rompida

A mordida que consiste em protuberância desigual num círculo, e que vem do espaço entre os dentes, é chamada de "nuvem rompida". É impressa sobre os seios.

CUNILÍNGUA

O autor do Kama Sutra, *Vatsyayana, revela uma atitude ambivalente e um tanto tímida em relação ao sexo oral, concentrando-se no prazer que o homem recebe na felação e discutindo muito brevemente a cunilíngua. Esta ambivalência possivelmente reflete as atitudes prevalentes em sua sociedade. Mesmo hoje — embora o sexo seja discutido mais livremente e talvez seja até mais apreciado do que foi no passado — muitas pessoas de todas as idades (incluindo aquelas que são geralmente liberais e sexualmente ativas) desaprovam cunilíngua e felação, ou, pelo menos, nunca as praticaram. Há também muitos outros que serão indulgentes com felação, mas desaprovarão a cunilíngua.*

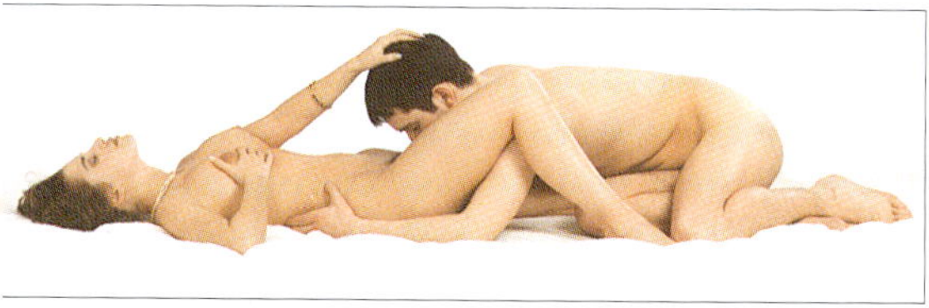

Estimulação do Clitóris

osicione-se de modo a poder golpear para cima sobre o corpo e a lande do clitóris. Estimule cada lado do clitóris sucessivamente, empre a partir de baixo, usando golpes leves na glande e hicoteando a parte inferior do seu corpo de um lado a outro com a onta da língua.

Deite-se confortavelmente de lado, com a cabeça entre as pernas dela

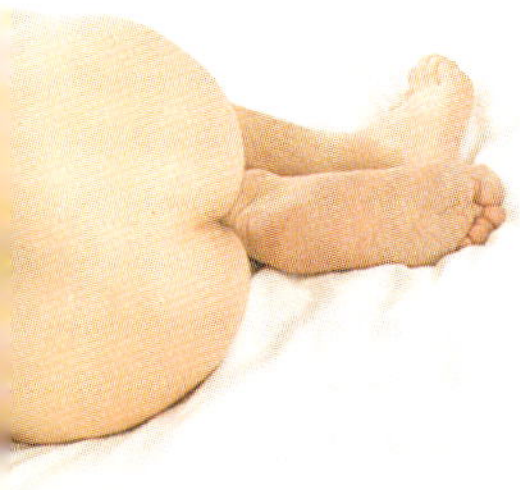

Estimulando o Períneo

Se a parceira abrir bem as pernas, você pode pôr a cabeça entre suas coxas para lamber o períneo, que é a área entre a vagina e o ânus. Em muitas mulheres, o períneo é repleto de terminais nervosos, e portanto muito sensível ao ser tocado, golpeado ou lambido. Esta estimulação pode ser muito excitante para uma mulher.

Beijo Genital

Tente criar um lento — mas altamente erótico — *crescendo* de excitação quando faz sexo oral com sua amante. Primeiro beije e lamba seu abdome, o baixo-ventre e o interior das coxas, e depois trabalhe lentamente na direção da genitália.

Inserção da Língua

Para aumentar a estimulação após beijar e lamber o clitóris e o períneo de sua parceira *(ver página 51)*, faça um movimento de vaivém com a língua em sua vagina. Varie a estocadas para dar um leque de sensações diferentes.

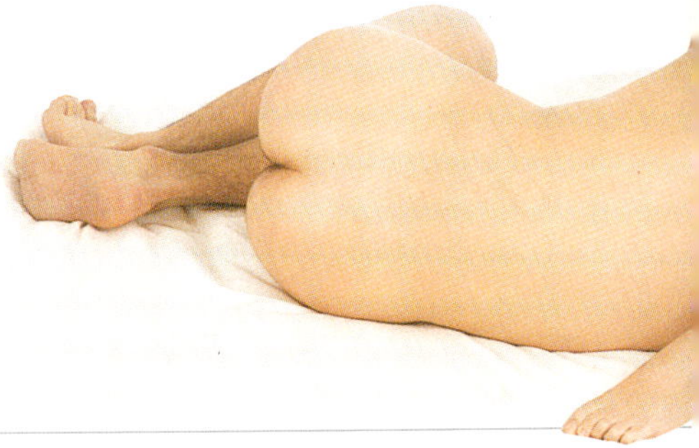

Estimulação e Lubrificação

Quando uma mulher está sexualmente estimulada, sua vagina produz um lubrificante natural. A cunilíngua é um dos melhores meios de estimulá-la, e a lubrificação resultante, além de permitir à vagina receber sem desconforto um pênis totalmente ereto, torna o toque genital mais agradável e pleno de sensualidade para ela. A estimulação não precisa concentrar-se exclusivamente na própria vagina, e o método mais erótico de lubrificar uma mulher é através de amorosas preliminares.

Mulheres incapazes de produzir lubrificação natural suficiente deveriam usar cremes e geléias hidrossolúveis especialmente formulados como lubrificantes vaginais.

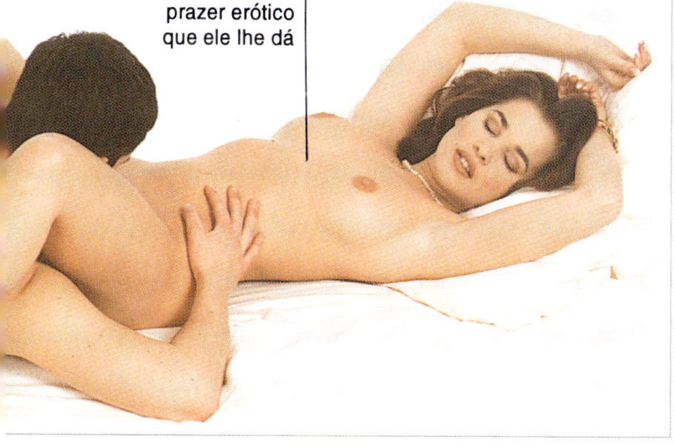

Relaxe e aproveite o prazer erótico que ele lhe dá

Felação

O Kama Sutra *descreve a felação — que é chamada de* Auparishtaka, *ou "relação oral"— como uma atividade predominantemente praticada por eunucos em seus senhores. Conta como as obrigações dos eunucos, "travestidos como mulheres", incluíam dar prazer a seus amos com oito tipos de felação. Hoje em dia, os* gays *continuam a usufruir os prazeres d felação, e muitos casais heterossexuais acham-na excitante e um acompanhamento altamente satisfatório à cunilíngua.*

Lambendo e Beijando

Quando começar a fazer felação no seu parceiro, segure a base do pênis com uma das mãos e depois, usando a ponta da língua, lamba repetidamente para cima. Vá lambendo lenta e sensualmente, primeiro de um lado e depois do outro do pênis como se fosse um sorvete em casquinha.

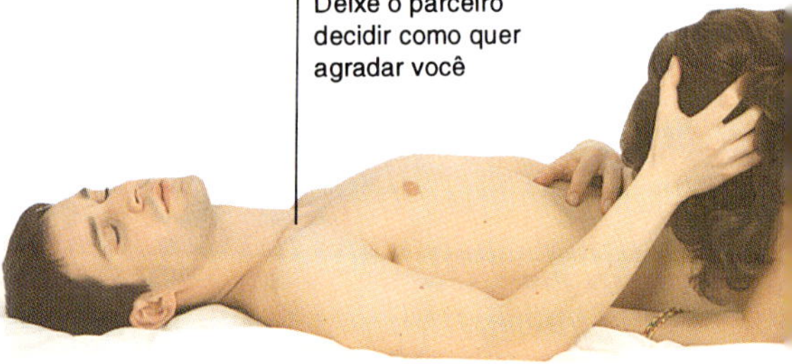

Deixe o parceiro decidir como quer agradar você

A Pincelada da Borboleta

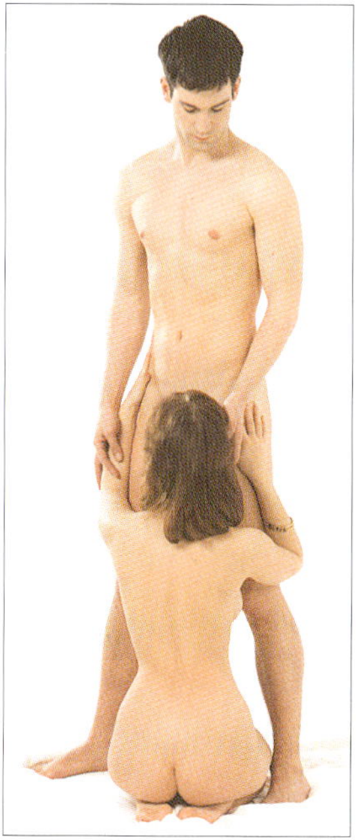

Pincelar levemente com a íngua ao longo da crista sob o pênis do seu parceiro é uma técnica de felação nuito eficaz. Quando tentar pela primeira vez, você pode precisar segurar a base lo pênis dele. Mas com ıma pequena prática, será capaz de realizar isto sem ısar as mãos. Assim as terá ivres para acariciá-lo.

Deite-se confortavelmente entre as pernas do parceiro

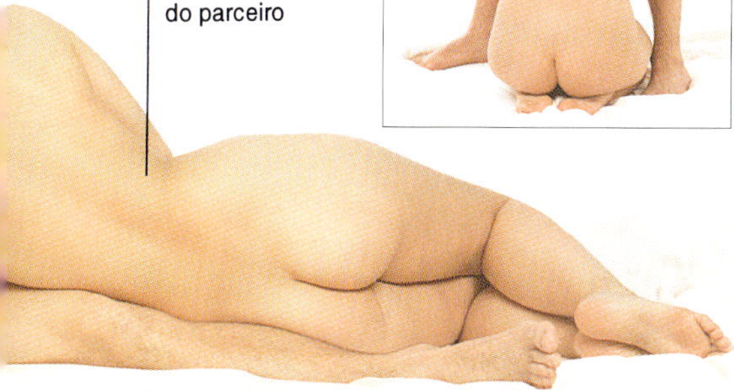

A Etiqueta do Sexo Oral

Certifique-se de que seu pênis está limpo antes da parceira praticar-lhe a felação. E, durante o ato, permita sempre à parceira perceber quando você está à beira do clímax. Assim, se ela não quiser receber a ejaculação dentro da boca, pode retirar seu pênis antes que você atinja o orgasmo.

Chupando o Pênis

Para controlar a profundidade da entrada do pênis em sua boca, enlace-o com uma ou ambas as mãos antes de o beijar, lamber ou chupar. Não há necessidade de chupar o pênis inteiro — a glande é a parte mais sensível.

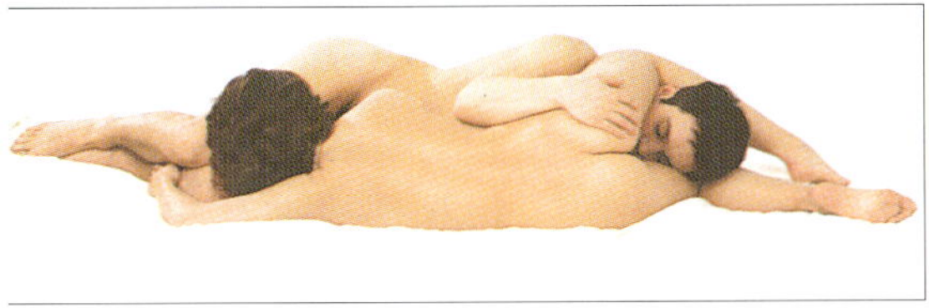

A União do Corvo

técnica de sexo oral que o *Kama Sutra* chama de união do corvo - "quando o homem e a mulher se deitam em posição invertida, a cabeça de um na direção dos pés do outro, e praticam esta união" — é a clássica posição "sessenta e nove", na qual os parceiros fazem simultaneamente felação e cunilíngua.

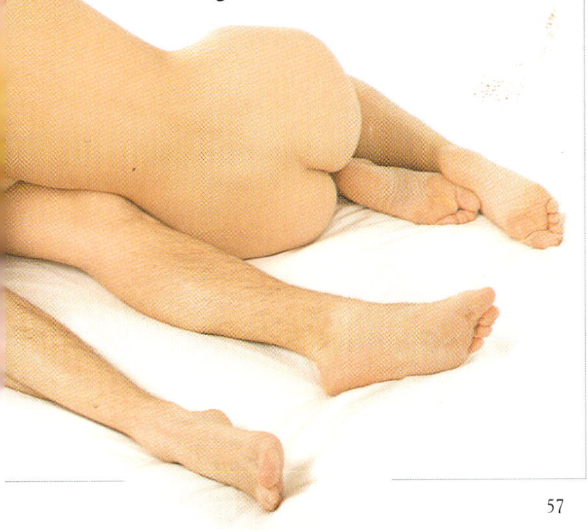

As Posições do Amor

Uma vez iniciada a relação, basta a paixão para dar origem a todos os atos dos parceiros.

As Posições do Kama Sutra

Muitas pessoas associam o *Kama Sutra* com descrições exótica inúmeras posturas amorosas bizarras ou mesmo impossíveis. D fato, bem pouco no livro está relacionado diretamente ao intercurso, e ele descreve apenas cerca de doze posições, a mai das quais relativamente fáceis de adotar se a mulher for até cert ponto flexível. Vatsyayana, o autor, lista oito posições que já haviam sido descritas antes por outro escritor, Babhravya, e credita a outro autor mais antigo, Suvarnanabha, as descrições da maioria das restantes. Na maior parte das posições, a mulher deita de costas, mas Vatsyayana também sugere três estilos com a mulher por cima que podem ser usados quando ela "faz o papel do homem".

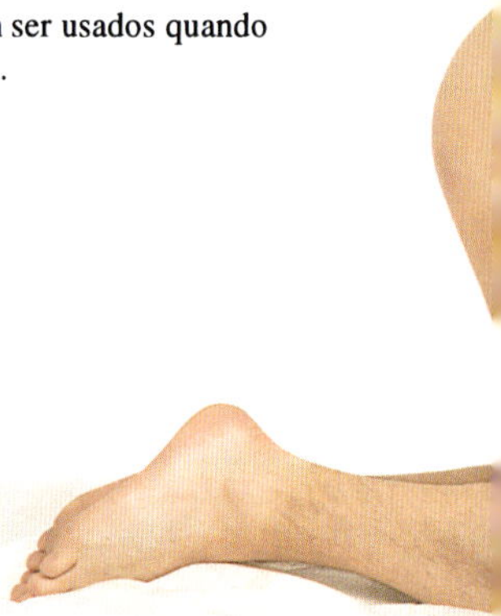

"Tais ações e movimentos apaixonados, que emergem durante o intercurso sexual, não podem ser definidas, e são tão irregulares quanto sonhos."

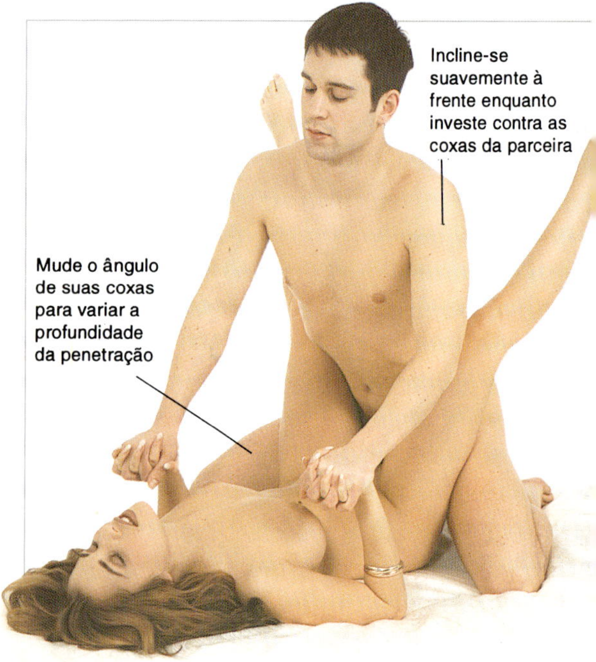

A Posição Escancarada

Amantes adotam com freqüência e espontaneamente esta postura durante o ato de amor, em especial quando começaram na básica posição papai-e-mamãe com suas pernas estendidas.

A mulher eleva e separa as coxas, e embora a posição n[illegible] permita penetração muito profunda, este inconvenient[illegible] compensado por seu inegáv[illegible] erotismo.

A Posição de Abertura Ampla

mulher arqueia as costas e eleva o corpo, abrindo as pernas e poiando-se nos ombros e pés. Como isto dá ao clitóris plena exposição à fricção do intercurso, esta posição é propensa a dar grande estimulação à mulher.

Posição Escancarada Alternativa

ma penetração muito profunda e intensamente gradável é possível com esta variação da osição escancarada. Por causa da extrema ofundidade da penetração, a mulher eve estar altamente excitada antes parceiro entrar nela, e sua gina deve estar enamente dilatada.

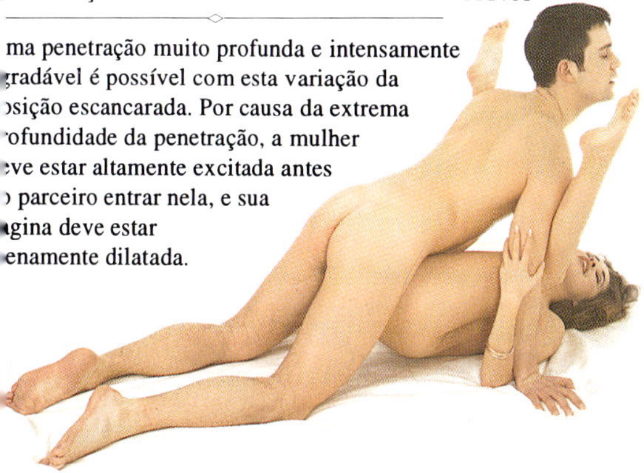

A Posição da Mulher de Indra

O *Kama Sutra* diz que esta posição é desejável para "a mais elevada relação"— ou seja, o ato de amor no qual a vagina está totalmente aberta, assegurando assim a penetração máxima. Realizável somente por quem tem pernas bem flexív a posição g nome de Indran linda e sedutor de Indra, divin ue hindu. Nas anti escrituras v era o rei d também do trov

Puxe as trás o má puder, de à altura

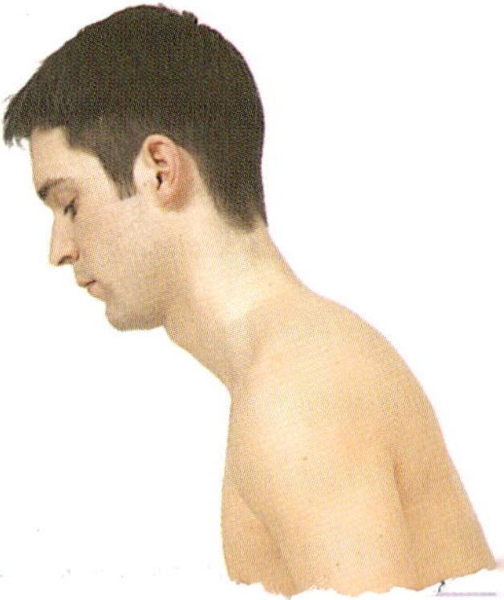

o a Lado

uerdo e a mulher do seu lado d eito. Mas qualquer lado que a maioria dos cia a meiga ue desta postura.

DEVER DO HOMEM COM A PARCEIRA

ha Sutra *declara como dever do homem satisfazer sua*
a, e oferece sugestões sobre movimentos durante o ato
oso, que incluem: Movimento à frente — penetração
ta; Batedeira — manter e mover o pênis dentro da
; Perfurante — penetrar a vagina de cima e empurrar
ra o clitóris; Prensa — empurrar o pênis fortemente
a vagina; Estocada do Touro — roçar um só lado da
com o pênis; Explosão do Javali — roçar ambos os
da vagina com o pênis; Esporte do Pardal — mover o
is rapidamer... da vagina.

ode
entre
a para
fizer
ce

O PODER DO TOQUE

O toque, juntamente com outras formas íntimas de c
pele com pele, é um componente essencial da ativid
sexual e desempenha importante papel em muitas o
formas de interação humana. Bons exemplos de toqu
sexual incluem apertos de mão e abraços.
Estes são usados como formas de saudação ou despe
para expressar uma variedade de sentimentos, tais
amizade, afeição, amor, simpatia ou congratulações.
sejam gestos simples, o modo exato como são manife
conta bastante para quem recebe sobre as
intenções de quem os dá.

POSIÇÃO FECHADURA LAD

O *Kama Sutra* sugere que quando adotar esta versão de lado, meiga e relaxada, da posição fechadura (*ver página seguinte*), o homem deveria sempre deitar de seu lado

esq
...
que seja
escolham,
amantes
intimida

As pernas de cada parceiro se estendem e se entrelaçam nas do outro

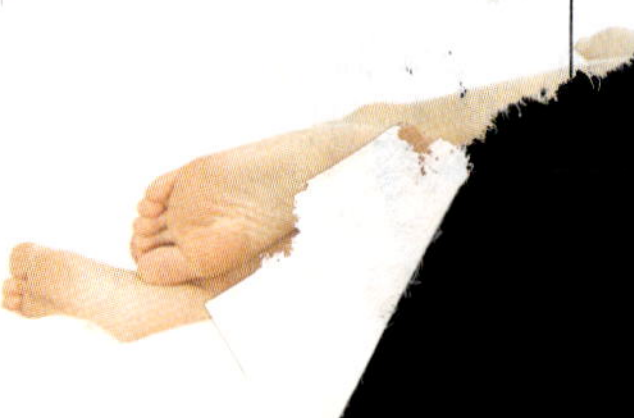

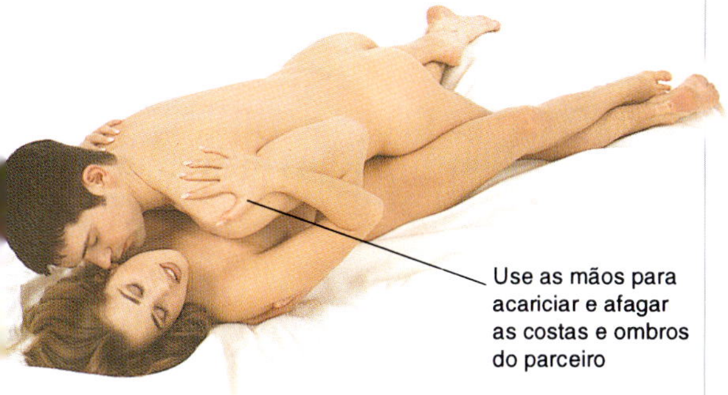

Posição Fechadura

la posição fechadura, a mulher deita de costas e o homem sobre la com suas pernas entrelaçadas nas dela. Esta posição é na erdade mais um abraço íntimo e apaixonado do que uma postura ara sexo ativo, porque as pernas entrelaçadas tendem a restringir s movimentos.

Os Chacras: Centros de Energia

Na tradição da ioga (que já tinha uma longa existência quando o Kama Sutra *foi escrito), os chacras são centros de energia que ocorrem em sete pontos do corpo astral, que segundo os iogues rodeiam e permeiam o corpo físico. Seis chacras situam-se ao longo do equivalente astral da espinha, enquanto o sétimo coroa a cabeça. A atividade sexual é um meio de despertar a energia conhecida como Kundalini, que jaz adormecida na base da espinha e é com freqüência descrita como uma serpente coleante. Quando despertada, ela viaja para cima e energiza os chacras, revitalizando corpo e espírito.*

A Posição de Prensa

Durante o ato de amor, os parceiros costumam mudar sem esforço de uma posição para outra, por exemplo da posição fechadura (*ver página 67*) para a posição de prensa. Nesta postura, a mulher segura as coxas do parceiro com as suas a fim de apertar a vagina em torno do pênis.

Apóie seu peso nos braços

Pressione a perna contra a parte posterior das coxas dele, mantendo-o bem junto de você

Use as mãos para acariciar braços e corpo do parceiro

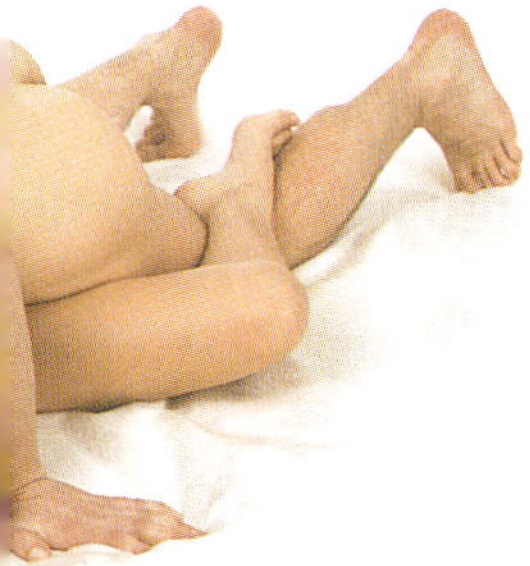

A Posição Entrelaçada

Uma mulher pode usar esta variação baseada na posição de prensa (*ver página 72*) para expressar seu desejo pelo homem enroscando-se estreitamente nele. Nesta posição, ela coloca uma perna atravessada na parte posterior da coxa do amante e aproxima-o de si.

Posição Ascendente

O homem se ajoelha e a parceir ergue as pernas acima dos omb dele, depois ele insere cuidadosamente o pênis na vagina. Ao pressionar as coxas junto, ela aperta o pênis e aumenta a prazerosa fricção do intercurso.

Se ela se sentar dando-lhe as costas, você pode ficar inclinado nesta posição ou deitado reto

PRATICANDO OS EXERCÍCIOS KEGEL

Os exercícios receberam o nome do ginecologista americano Dr. A. H. Kegel. Uma mulher pode fazê-los para tonificar os músculos pubococcígeos (PC) e melhorar a reação vaginal. Para localizar seus músculos PC, pratique interromper o fluxo urinário quando estiver no toalete; os músculos que usa para tal são os músculos PC. O exercício Kegel principal consiste em contrair os músculos PC por três segundos, relaxá-los por três segundos, e depois repetir. Tente fazer isto dez vezes, em três ocasiões do dia. Quando se tornar perita nisto, faça o exercício mais rápido, de modo que sua vagina "vibre". Faça-o dez vezes, três vezes ao dia.

A POSIÇÃO DA ÉGUA

Esta é uma técnica muito excitante e erótica que pode ser usada.em várias posições no ato amoroso. A mulher emprega seus músculos vaginais (aqueles que se contraem ao orgasmo) para comprimir o pênis como se estivesse tirando leite. Isto produz sensações agradabilíssimas tanto no pênis quanto na vagina.

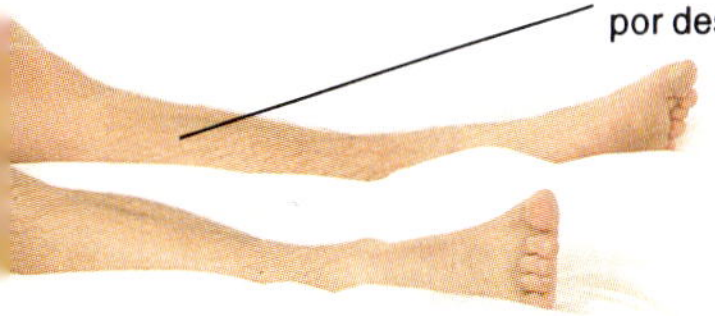

A Posição Prensa

A mulher encolhe as coxas até o peito, dobra as pernas à altura dos joelhos, e põe as solas dos pés contra o peito do parceiro. Sua vagina está estreitada nesta posição, de modo que o parceiro deve ser cuidadoso com a profundidade e força da penetração, para evitar machucá-la enquanto arremete.

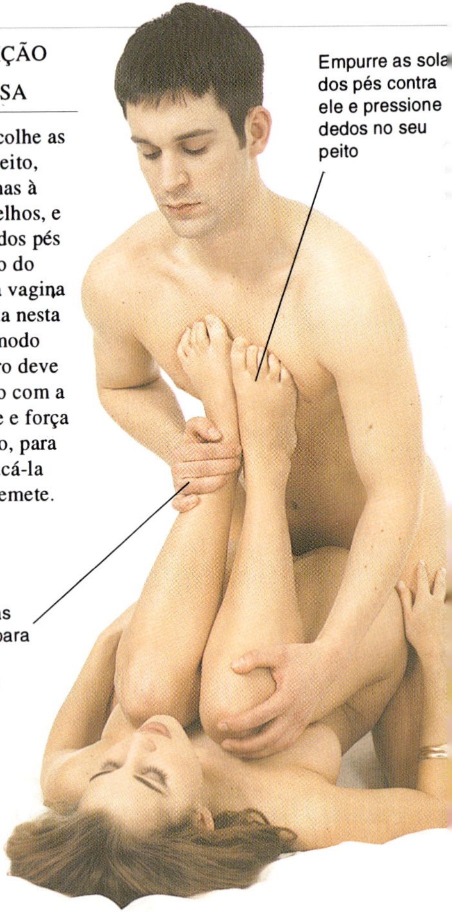

Empurre as sola dos pés contra ele e pressione dedos no seu peito

Segure-se nas pernas dela para ajudá-lo a controlar sua investida

Posição Meia-Prensa

Nesta versão da posição prensa (*ver ao lado*), a mulher estende uma perna reta e dobra a outra no joelho, pondo a sola do pé no peito dele. Como na posição prensa, o homem deve ter cuidado para não investir com força demais.

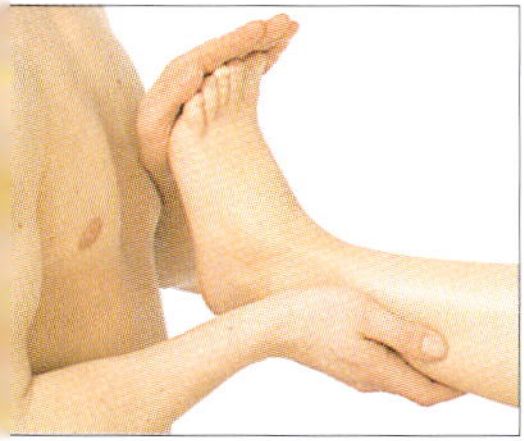

Massagem do Pé

A massagem do pé beneficia o corpo inteiro (*ver página 12*) e é também altamente erótica. Massageie os dois pés da parceira, e depois segure cada pé por trás do tornozelo com uma das mãos e faça uma lenta rotação com a outra.

Posições Acrobáticas

As posturas amorosas mostradas aqui e nas duas páginas segui formam uma seqüência de posições um tanto acrobáticas. Com todas ofererem alguma dificuldade, acho que deveriam ser abordadas num espírito de diversão, em vez de para excitação ou erotismo.

A Rachadura de um Bambu

Embora esta posição seja essencialmente uma variação da básica postura papai-e-mamãe, exige muito mais flexibilidade da mulher. Ela ergue uma perna e a coloca no ombro do parceiro por um tempo, depois abaixa a perna e ergue a outra. Esta seqüência pode ser repetida vezes sem conta.

A Posição Quase-Lótus

mulher encolhe as pernas e dobra uma sobre a outra o mais
legantemente possível, imitando a conhecida postura de ioga.
esta posição, sua vagina avança para encontrar o pênis do parceiro. A maioria das mulheres que tenta esta difícil posição descobre que não pode mantê-la por muito tempo.

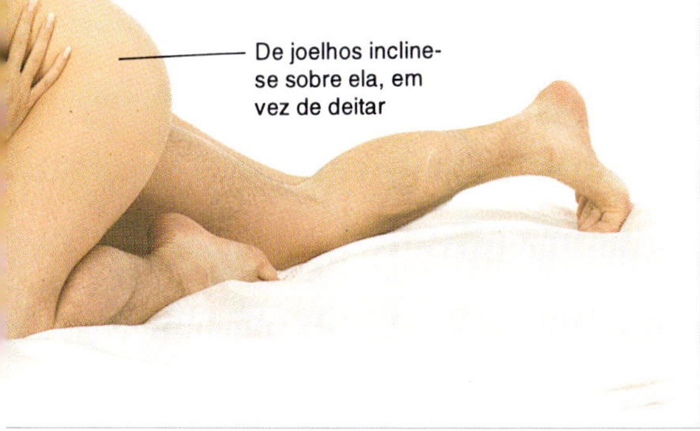

Não se incline em demasia, ou causará desconforto à parceira

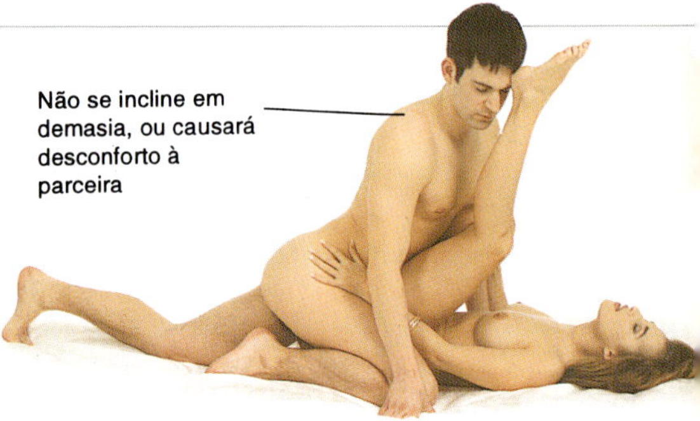

BATENDO UM PREGO

Esta posição é similar à rachadura de um bambu (*ver página 74*), mas a mulher põe o calcanhar na testa do parceiro e não no ombro. Sua perna e pé simbolizam um martelo batendo um prego, representado pela cabeça dele.

Ajoelhe-se confortavelmente entre as coxas da parceira

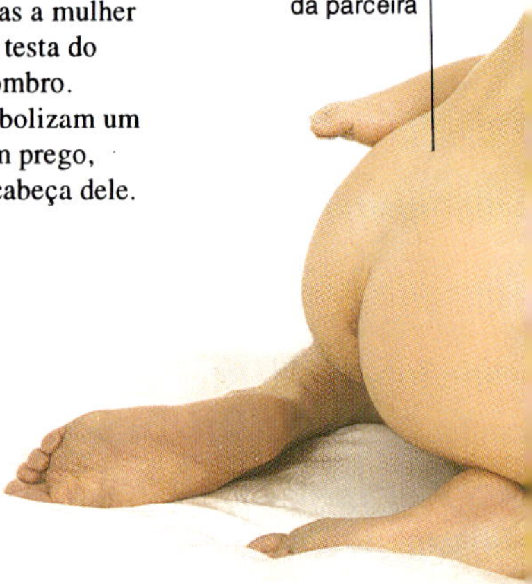

A Posição do Caranguejo

Nesta postura, a mulher encolhe as pernas e descansa as coxas no estômago dele, como um caranguejo retraindo as pinças; isto contrai a vagina ao redor do pênis. O homem arremete de joelhos, cuidando para não penetrá-la muito fundo.

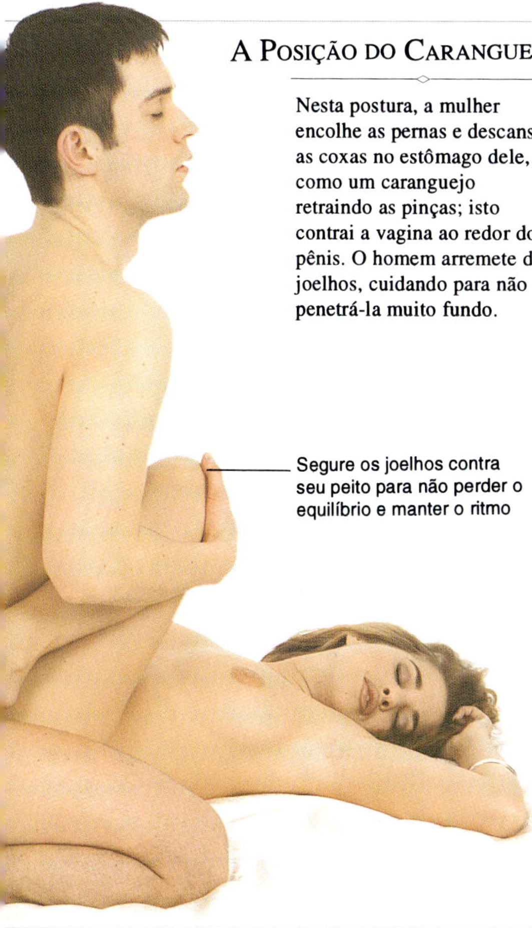

Segure os joelhos contra seu peito para não perder o equilíbrio e manter o ritmo

A Posição Giratória

Esta é uma seqüência de movimentos e não de uma posição única, e segundo o *Kama Sutra* "somente com a prática" pode ser aprendida. É uma variante imaginativa da posição papai-e-mamãe, em que o homem faz um círculo completo enquanto mantém a penetração.

Primeiro Estágio
Comece com a básica posição papai-e-mamãe. O homem fica entre as pernas da parceira.

Segundo Estágio
Sem retirar o pênis, o homem ergue primeiro a perna esquerda e depois a direita sobre a perna direita da parceira.

Será mais fácil para ele manter o pênis dentro da sua vagina se suas pernas estão ligeiramente afastadas

Terceiro Estágio

Apoiando-se nos braços, o homem move ambas as pernas, sem desfazer o contato, até seu corpo formar ângulo reto com o dela.

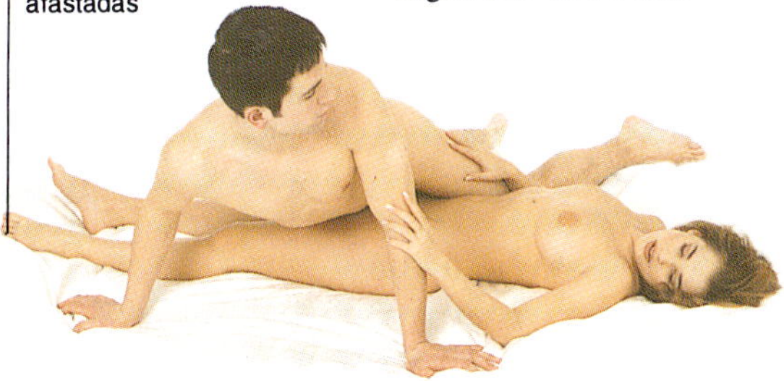

Apoiar-se nas mãos ajudará a manter a penetração

Quarto Estágio

Este é o estágio final, no qual o homem termina com o corpo entre as pernas dela e cada perna sua ladeando um ombro da parceira.

Esculturas Eróticas

O *Kama Sutra* e outros textos orientais clássicos enfatizam a prática do amor com os parceiros em pé. Estas posiçõe são também mais comuns do que outras posturas vistas em esculturas que tradicionalment adornam paredes dos templos, uma indicação do *status* especial que elas possuem.

A União Apoiada

O apoio em questão no nome desta postura é consumado pelos amantes escorando-se u no outro, como mostrado aqui ou por um deles — em geral a mulher — apoiado na parede. Muitos casais descobrem que apoiar-se numa parede é melhor, porque com a mulher firmemente apoiada nela, o homem acha mais fácil arremeter com vigor.

A União Suspensa

ara adotar esta posição, o omem se apóia contra ma parede enquanto a arceira põe os braços em orno do seu pescoço. Ele ntão a suspende egurando pelas coxas ou ntrelaçando as mãos sob s nádegas. Se ela for eve, ele pode ser capaz e sustentá-la com um só raço ao redor da cintura, cando com a outra mão vre para acariciar.

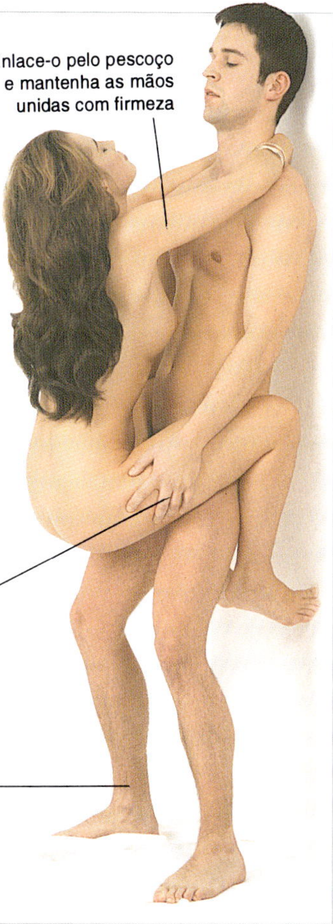

Posições com a Mulher por Ci

Durante o ato de amor, a mulher costuma adotar uma posição po cima do seu parceiro. Pode fazer isto por preferência pessoal ou quando o parceiro está começando a cansar e ela ainda não se satisfez. O *Kama Sutra* recomenda três movimentos para ela: po cima, aqui mostrado, reversa e o par de tenazes (*ver páginas 84-*

Primeiro Estágio
Comece na básica papai-e-mamãe, depois vire-se para os pés dele.

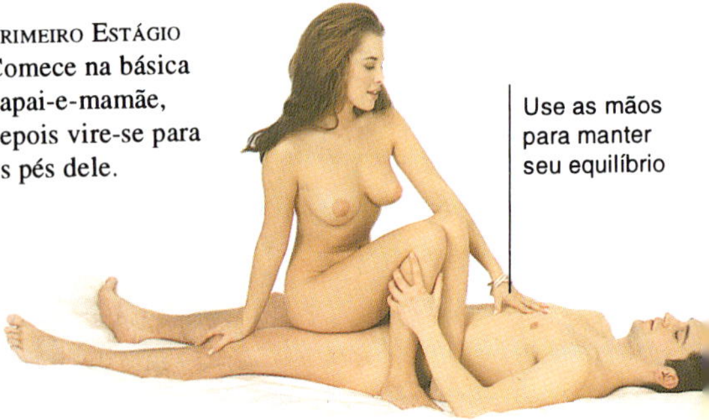

Por Cima

Enquanto monta no parceiro, a mulher ergue as pernas para aliviar o corpo dele e depois gira cuidadosamente em volta do pênis de modo a defrontar primeiro os pés e, por fim, novamente a cabeça. Segundo Vatsyayana, este movimento exige prática considerável.

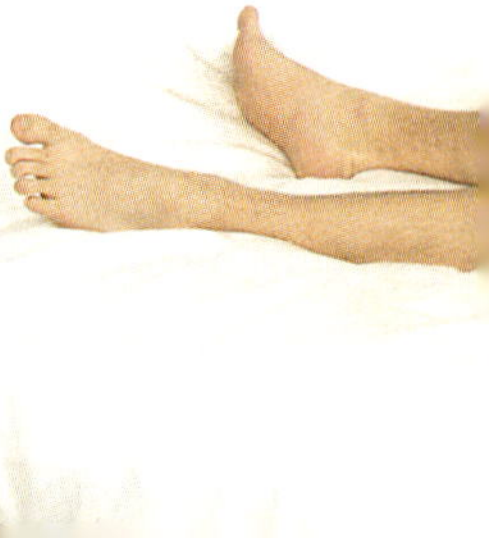

Mova uma perna de cada vez enquanto se vira, levando um pouco do seu peso para outra

SEGUNDO ESTÁGIO
Faça amor nesta posição enquanto desejar.

Varie as sensações inclinando-se para frente ou para trás.

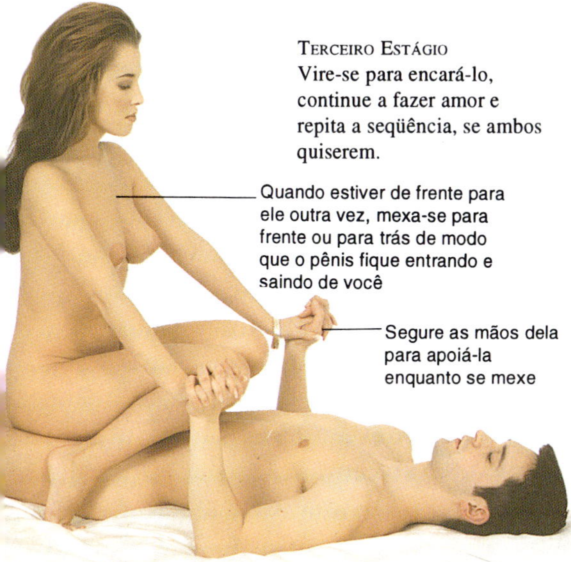

TERCEIRO ESTÁGIO
Vire-se para encará-lo, continue a fazer amor e repita a seqüência, se ambos quiserem.

Quando estiver de frente para ele outra vez, mexa-se para frente ou para trás de modo que o pênis fique entrando e saindo de você

Segure as mãos dela para apoiá-la enquanto se mexe

O Par de Tenazes

O homem fica deitado de costas, a mulher montada nele, encarando-o, com as pernas dobradas. A seguir, guia o pênis para dentro de si e segura-o firme por um longo tempo, comprimindo-o repetidamente com os músculos vaginais; a penetração é profunda. Esta postura é talvez a mais prática das três posições sugeridas pelo *Kama Sutra*.

Reversa

Para esta variação da por cima (*ver página 82*), o *Kama Sutra* sugere que o homem deveria deitar com as costas arqueadas enquanto a mulher remexe em cima dele, mas isto só é viável se o homem é forte o suficiente. Em geral é mais fácil para ele deitar de costas enquanto ela faz seu trabalho.

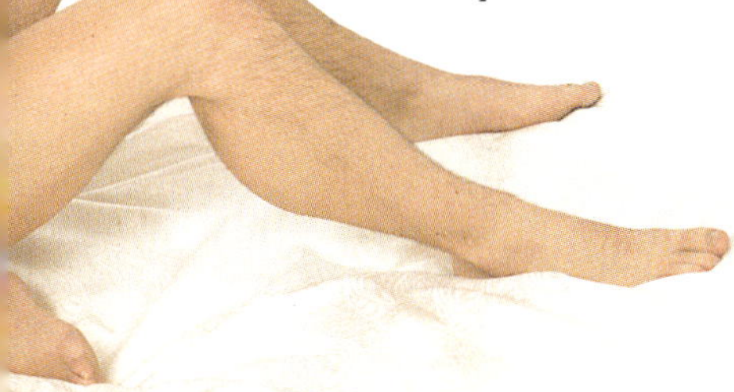

O Poder da Imaginação

A impossibilidade de listar cada posição amorosa possível é reconhecida por Vatsyayana, que sugere em vez disso que amantes imaginativos estendam seus repertórios buscando inspiração no reino animal. Após sua descrição da União de uma Vaca, Vatsyayana diz que "da mesma maneira podem ocorrer [illegible] de um cachorro, a união de um bode, a violenta [illegible] um burro, a união de um gato, o salto de um [illegible]tura de um cavalo. E em todos esses casos a[illegible]cas destes diferente[illegible] animais deveriam [illegible] manifestadas agindo-se [illegible]".

A Postura do E[illegible]

A mulher deita de bruços, o parceiro [illegible] mais fina das costas arqueada para de[illegible] dentro, a mulher pode intensificar as se[illegible] dois ao pressionar as coxas estreitamen[illegible]

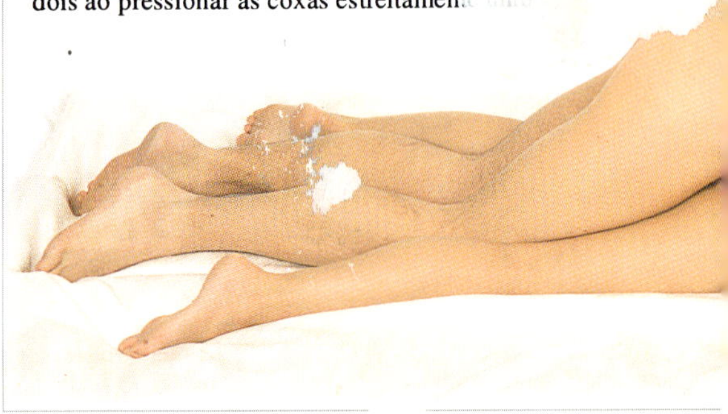

UNIÃO DE UMA VACA

Esta é uma variação sobre a nais comum das posturas de ntrada dos fundos, na qual a nulher se ajoelha. Aqui, ela se póia nas mãos e pés e o arceiro "monta nela como um ouro". Esta posição permite enetração profunda.

SEXO SEGURO E EPÍLOGO AMOROSO

As coisas que aumentam a paixão deveriam ser feitas primeiro.

SEXO SEGURO

Embora as pessoas tenham sempre tentado evitar doenças sexualmente transmissíveis, como gonorréia e sífilis, a prática do "sexo seguro" é muito recente. Esta mudança no comportamento sexual foi provocada pela disseminação da AIDS. A expressão "Sexo Seguro" descreve a atividade sexual mais propensa a evitar a infecção pelo vírus HIV, causador da AIDS. O meio mais comum de transmissão é o intercâmbio de fluidos corporais (sêmen, secreções vaginais e sangue).

SEXO SEM PENETRAÇÃO

A penetração não precisa ocorrer todas as vezes em que um casal faz sexo. Abraçar, acariciar, massagear, tudo isto expressa intimidade, com risco mínimo de infecção por HIV. A masturbação pode ser igualmente utilizada, se a intenção é evitar contato com fluidos corporais.

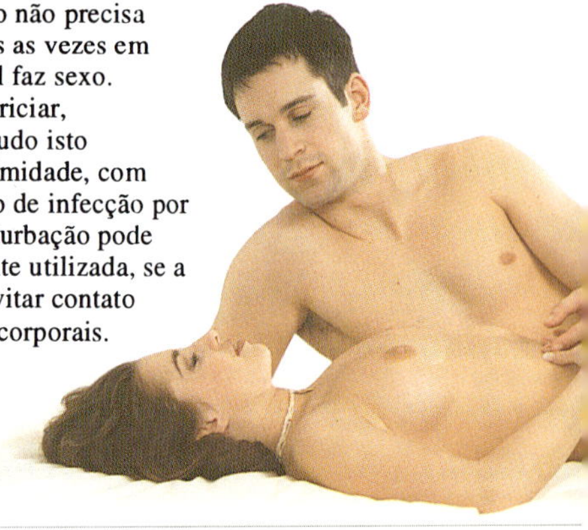

HIV e a Disseminação da AIDS

Quando entra na corrente sanguínea, o HIV destrói progressivamente o sistema imunológico, o complexo mecanismo que capacita o corpo a se defender das doenças. Isto acaba deixando o corpo vulnerável a outras infecções, inclusive doenças raras como certos tipos de cânceres e pneumonia. Uma pessoa com HIV supostamente desenvolve AIDS quando começa a ser afetada por tais doenças, e são essas, e não propriamente o HIV que acabam causando a morte de uma pessoa por AIDS

Minimizando o Risco

Para reduzir o risco de contrair HIV durante o intercurso com um parceiro passível de estar infectado, use uma camisinha de látex (ver página 92) *com um espermicida, que contenha nonoxinol-9, que realmente mata o vírus. Use sempre camisinhas durante a felação, e proteção dental de látex na cunilíngua, a fim de evitar contato com fluidos corporais.*

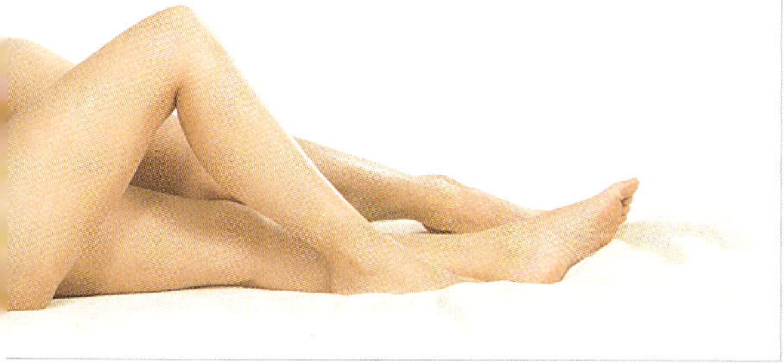

CAMISINHAS

A camisinha é fundamental na prática do sexo seguro, porque re substancialmente o risco de infecção por HIV e oferece proteção eficaz contra outras doenças venéreas (e contra gravidez). Se assumir a tarefa de colocar camisinha numa experiência erótica para os dois, ela não interromperá o fluxo do ato de amor. E nenhuma perda de sensação resultante do uso da camisinha é um preço pequeno a pagar por proteção contra o HIV e outras infecções.

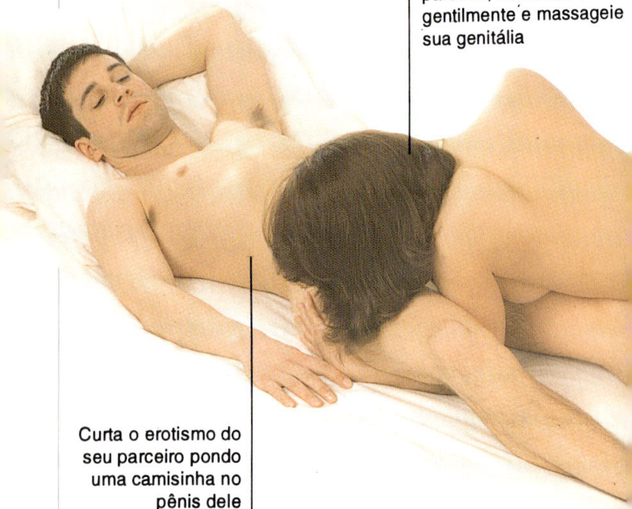

Escolha e Uso das Camisinhas

Para serem eficazes, as camisinhas devem ter qualidade confiável, portanto evite marcas desconhecidas e verifique a data de validade. Nunca use de novo uma camisinha, e previna seu contato com qualquer produto oleoso, como creme de massagem, loção de bebê ou geléia de petróleo. Isto porque as camisinhas são feitas de látex, um material facilmente danificável ou enfraquecido pelo mais breve contato com óleo ou com produtos oleosos. Se precisar de algum lubrificante durante a relação, use um produto à base de água. Algumas pessoas detestam usar camisinhas, mas esta é uma aversão adquirida relativamente fácil de desaprender. Como alternativa, você poderia tentar usar camisinhas femininas, que se acomodam na vagina e não no pênis.

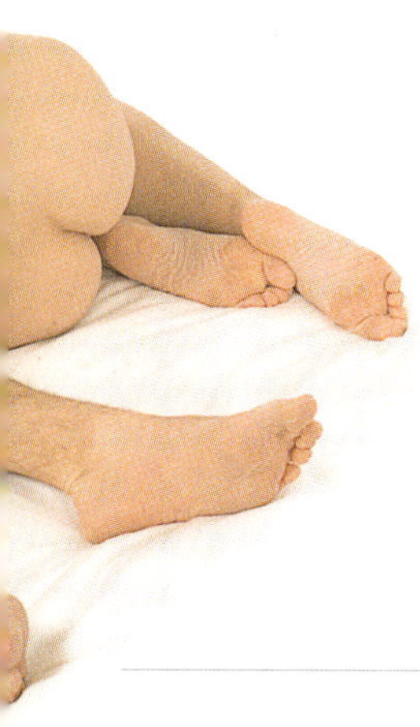

Usando a Camisinha

Após retirar a camisinha da embalagem, esprema o ar da ponta segurando-a entre o indicador e o polegar (o ar que fica preso poderia provocar rompimento durante o uso). Depois, coloque-a com movimentos lentos e sensuais. Se o seu parceiro não é circuncidado, puxe o prepúcio para trás antes de enrolar a camisinha.

PROLONGUE O CLIMA

Após fazer amor, parceiros que se preocupam genuinamente um com o outro desejarão ficar próximos emocional e fisicamente de modo a prolongar a proximidade sem igual que só o ato de amor traz. Alguns amantes descobrem que, tendo acabado de reafirmar um contínuo vínculo íntimo ao fazer sexo, podem então falar mais facilmente de coisas que dizem respeito a ambos como casal e indivíduos. Eles aproveitam esta oportunidade para discutir o que mais apreciam acerca de seu relacionamento sexual, e se sentem livres para dizer um ao outro se existe algo que gostariam de mudar na maneira de fazer amor. É mais freqüente, porém, o casal querer repetir a dose, caso no qual a mulher precisaria masturbar o parceiro para provocar nova ereção. Se eles não pretendem retomar o ato, mas a mulher não conseguiu um clímax satisfatório, seu amante deve ajudá-la a alcançar o orgasmo masturbando-a.

O estreito contato físico ajudará a manter o clima

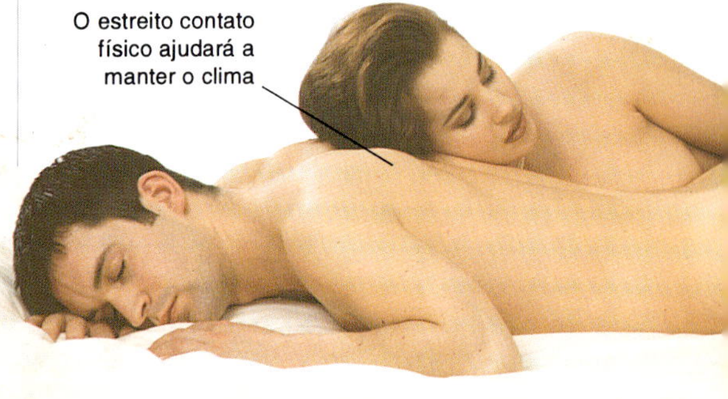

O QUE FAZER DEPOIS

O Kama Sutra *aconselha sobre os prazeres sensuais que os parceiros deveriam partilhar depois do ato: "Ao final do ntercurso, os amantes, recatadamente e sem olharem um para o outro, deveriam ir separadamente ao toalete. A seguir, sentados nos devidos lugares, deveriam comer algumas folhas de bétel, e o homem aplicaria com a própria mão no corpo da parceira um ungüento puro de sândalo ou de outra espécie. Depois a enlaçaria com o braço esquerdo, e com palavras agradáveis a induziria a tomar de uma xícara segura em sua própria mão, ou poderia dar-lhe água para beber. Eles podem comer doces, ou qualquer coisa do seu agrado."*

MANTENDO A HARMONIA

cálido arrebatamento que se segue ao ato de amor se dissipa almente se você simplesmente cai no sono, ou faz qualquer coisa e exige esforço físico ou intelectual. Muitos amantes querem anter o sentimento de harmonia; alguns gostam simplesmente de ficar quietos nos braços do parceiro, enquanto outros preferem se levantar mas prolongar o clima, desfrutando uma atividade que não exija muito, como comer juntos.

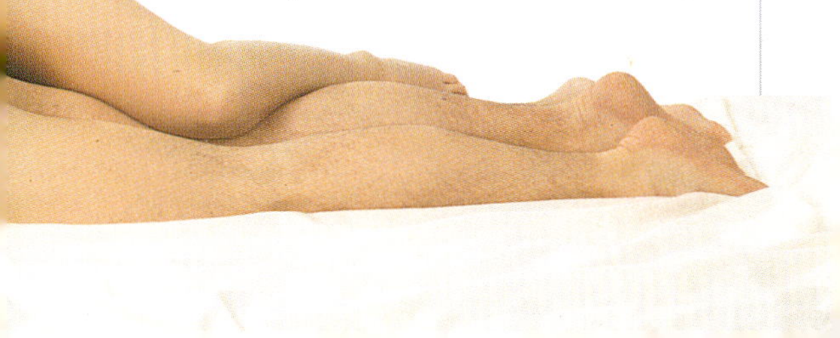

ÍNDICE